GRIECHENLAND KOCHBUCH

GRIECHENLAND KOCHBUCH

75 Spezialitäten modern interpretiert

Rena Salaman

Fotos
Martin Brigdale

Kaleidoskop Buch

Für Alexandra und Sophie

Inhalt

Einführung

Das Typische an der griechischen Küche ist ihre Schlichtheit – die Speisen sind zwar bisweilen einfach, aber stets wunderbar würzig und aromatisch.

***Links:** Die Griechen lieben alle Arten von Meeresfrüchten, seien es nun Schaltiere, wie Miesmuscheln, oder Fische, wie dieser rote Knurrhahn.*

In meiner Kindheit – im Athen der 50er-Jahre – gab es ein wichtiges Ereignis, auf das man jeden Morgen ungeduldig wartete – die Ankunft des Gemüsehändlers, der mit seinem Pferdekarren durch die Straßen zog und mit lauter, heiserer Stimme seine Waren anpries, so dass die Frauen der Nachbarschaft in Scharen herbeiströmten. Wenn ich heute nach Athen fahre, um meine Schwester in Glyfada zu besuchen, ist es mir ein besonderes Vergnügen (nachdem ich die gut sortierten Schuhgeschäfte der Gegend besucht habe), auf die beiden Märkte zu gehen, die in der Nähe ihres Hauses liegen. Die Erzeuger selbst bringen ihr frisches Obst und Gemüse morgens dorthin und stellen ihre Waren, bunt und gefällig arrangiert, entlang der Straße zur Schau.

Auf den Inseln, die oft zu karg für ausgedehnten Ackerbau sind, wird jede neue Lieferung von frischem Obst und Gemüse noch ungeduldiger erwartet. Wenn ich im Sommer Urlaub auf der Sporadeninsel Alonnisos mache, sehe ich ebenso gespannt wie die Einheimischen der Ankunft der *Evangelistria* entgegen, jenem großen, breiten, in den griechischen Nationalfarben gestrichenen Kaiki – kobaltblauer Rumpf mit breitem weißem Rand –, welches von Volos aus, der malerischen Hafenstadt auf dem Festland, die Inseln versorgt. Obwohl die Ladung auch Baumaterial, Möbel, Dünger, Pflanzen, ja sogar nachgemachte Schlüssel beinhalten kann (Panagiotis, der gut aussehende Kapitän der *Evangelistria* ist ein sehr zuverlässiger Mann, der auch Aufträge dieser Art bereitwillig übernimmt), rufen das frische Obst und Gemüse dennoch die größte Aufregung hervor.

Die Inselbewohner genießen die Vorfreude auf all die glänzenden Zucchini und prallen, violett schimmernden Auberginen, die verschiedenen Sorten grüner Bohnen, Okraschoten, fleischigen aromatischen Tomaten und die hellgrünen länglichen Paprikaschoten, die beispielsweise für *spetzofai*, unerlässlich sind.

Je nach Jahreszeit bringt Panagiotis auch duftende weiße Pfirsiche aus Katerini mit, knackige dunkelrote Kirschen aus Edessa in Nordgriechenland, Melonen aus Kreta und andere Köstlichkeiten mehr, die von den Menschen am Hafen sehnsüchtig erwartet werden.

***Rechts:** Ein frisch gestrichenes, buntes Fischerboot ankert an der Mole des kleinen Hafens einer der zahlreichen Ägäischen Inseln, gleich vor dem kleinen Café des Ortes.*

Uralte Verbindungen

Die Verwendung von qualitativ hochwertigen Produkten ist nicht erst eine Errungenschaft der modernen griechischen Küche. Die Wurzeln der griechischen kulinarischen Tradition reichen bis in die Antike zurück, und so beschreiben einige klassische Autoren dieser Zeit eine Reihe von Gemüsegerichten, die heute noch gerne gegessen werden. *Skorthalia* (eine üppige Knoblauchpaste aus Olivenöl und Brot), *fava* (ein pikantes Püree aus gelben Erbsen) und *dolmathes* (frische Weinblätter, gefüllt mit Reis und Kräutern) haben sich z. B. nur wenig verändert, seit sie sich bei den alten Griechen höchster Beliebtheit erfreuten.

Aristophanes, der griechische Komödiendichter aus Athen, der von 448 bis 388 v. Chr. lebte, macht in seinen Stücken satirische Bemerkungen über die Beliebtheit von Hülsenfrüchten. Dicke Bohnen, Linsen, Kichererbsen und getrocknete Erbsen wurden damals wie heute gern verzehrt. Das alte Gericht *etnos*, das, wie Aristophanes schreibt, aus riesigen Kesseln in den Straßen von Athen verkauft wurde, scheint unserer modernen *fava* ähnlich zu sein. Homer beschreibt in seiner Odyssee die Festmähler, die Odysseus und seine Männer genossen: Fleisch am offenen Feuer gebraten, mit Kräutern gewürzt – zweifellos *rigani* (Oregano) und *thymari* (Thymian) –, die schon damals wild auf den Hängen von Circes Insel wuchsen.

Reiche Ernte aus dem Meer

Wer in der Nähe des Meeres wohnt, hat auch Zugang zu wunderbaren Fischen und Schaltieren, ein weiteres Lieblingsthema antiker Schriftsteller. Sowohl Athenäus in seinem *Deipnosophistai* (Gastmahl der Gelehrten) als auch der Dichter Archestratus in *Hedipatheia* (Das Wohlleben) schreiben ausführlich über die Früchte des Meeres und fügen nützliche Tipps bei, wo man den besten Fisch findet und wie man ihn zubereitet. Archestratus beispielsweise bevorzugte leichte Gerichte. Er empfiehlt, den Fisch zu kochen, braten oder zu grillen und Gewürze und Olivenöl hinzuzufügen. In diesem Werk von Archestratus, das von Übersetzern als das älteste Kochbuch Europas bezeichnet wird, ist beschrieben, dass Saucen mit Käse oder eingelegten Kräutern eher für minderwertigeren Fisch gedacht waren. So rät Archestratus in seinem Buch, man solle den Eigengeschmack des Fisches lieber mit Olivenöl und feinen Kräutern betonen. Und das kommt schon sehr nahe an die Sauce aus Olivenöl, Zitronensaft und Oregano heran, die heute in Griechenland fast jedes Fischgericht begleitet. Neben hochwertigem Fisch, der meistens gegrillt oder zu einer Fischsuppe verarbeitet wird, wissen die Griechen auch alle anderen Fische und Schaltiere zu schätzen. Kalmare werden oft knusprig frittiert als Vorspeise, *mezé*, serviert. Man verwendet sie aber auch bei Schmorgerichten.

Unten: *Dieser Gemüsehändler aus Astipalea transportiert seine Waren auf den Rücken von zwei Mauleseln von Dorf zu Dorf. In seiner Hand hält er eine tragbare Waage.*

Einfache Kost

Die schlichte, ursprüngliche griechische Kost, deren Grundlagen meist einfache frische Zutaten in einer wenig aufwändigen Zubereitung sind, kann man mit vielerlei Gründen erklären, aber die bestimmenden Faktoren sind wohl in erster Linie die bergige Landschaft und das trockene Klima. Auch die Geschichte des Landes hat die kulinarische Tradition geprägt, sie verlief wechselvoll und turbulent und gipfelte im 20. Jahrhundert in der deutschen Besatzung 1941 und dem anschließenden Bürgerkrieg.

Die durch Krieg und Konflikte bedingten Unterbrechungen des Handels sowie die begrenzten natürlichen Ressourcen des Landes bedeuteten, dass die Griechen sich auf ihre Fantasie verlassen mussten, um aus dem Wenigen, das sie hatten, abwechslungsreiche Gerichte zu zaubern. Mit welch gutem Erfolg sie dies bewerkstelligten, erkennt man an den Rezepten dieser Sammlung.

Die griechische Tafel

In Griechenland sind die Mahlzeiten oft ziemlich zwanglose Angelegenheiten, man hält sich kaum an bestimmte Essenszeiten und lässt sich auch nicht von einer bestimmten Speisenfolge gängeln. Das Frühstück nimmt keinen hohen Stellenwert ein, abgesehen von einem kleinen griechischen Kaffee oder Tee mit Zitrone. Ein Imbiss am Vormittag könnte aus einem Sesamkringel, *koulouri*, oder aus einer warmen Käsetasche, *tyropitta*, bestehen, die man vom Karren des Händlers an der Straßenecke kauft. Das Mittagessen wird, wie es am Mittelmeer üblich ist, recht spät eingenommen, und die wichtigste Mahlzeit des Tages, das Abendessen, wird ebenfalls spät serviert.

Wenn die Griechen zum Essen ausgehen, was sie übrigens sehr gerne tun, werden sie kaum vor 22 Uhr im Restaurant erscheinen. Zum Aperitif, einem Ouzo beispielsweise, werden einfache Kleinigkeiten gereicht, schwarz glänzende Oliven oder Feta-Käse, oder auch ausgefallenere Dinge, wie eingelegte Kapernblätter auf der Insel Santorin. Das Abendessen kann vollständig aus jenen köstlichen Kleinigkeiten, den *mezéthes,* bestehen, von denen sich jeder bedient, der mit am Tisch sitzt, und wenn dann die Küche etwas zu bieten hat, was wirklich gar zu verlockend ist – falls noch Platz im Magen ist –, dann bestellt man vielleicht ein, zwei Hauptgerichte, die sich ebenfalls die ganze Tischgesellschaft teilt.

Oben: *Viele Inseln sind für ausgedehnten Ackerbau und Viehzucht zu karg, aber frischen Schafskäse und die heiß geliebten grünen Oliven gibt es überall. Man sollte nirgends versäumen, sie zu kosten.*

Rechts: *Ein beliebte Vorspeise – Tentakel und Ringe von knusprig frittierten Kalmaren.*

Obwohl die Griechen nicht viel Alkohol trinken, wird zu den Mahlzeiten meist Wein serviert. Heutzutage bevorzugt man statt des traditionellen Retsina nicht geharzte Weine, außerdem sind im Handel hervorragende Weine aus neuen Rebsorten erhältlich. Mein Tipp: Achten Sie auf Weine der Weingüter Skouras, Strofylia und Hadzimichalis.

Das flüssige Gold

Es gibt eine Zutat, ohne die die griechische Küche, ja die gesamte Mittelmeerküche, sehr arm wäre. Die Rede ist von Olivenöl, jener goldenen Flüssigkeit, die der griechischen Küche ihre Substanz und ihren typischen Wohlgeschmack verleiht. Es gibt kaum ein Gericht, das nicht durch die Zugabe von Olivenöl gewinnen würde. Olivenöl macht aus einem simplen Salat eine Delikatesse und ist unverzichtbarer Bestandteil fast aller Fleisch- und Fischgerichte.

Das Olivenöl Griechenlands ist meist von grüngoldener Farbe und von überaus fruchtigem Geschmack. Normalerweise ist es samtweich mit süßlichen Untertönen, aber hin und wieder kann es auch eine ausgeprägte Grasnote haben. Griechisches Olivenöl gehört zu den besten des gesamten Mittelmeerraums, und dabei ist es – so paradox es klingt – eines der preiswertesten. Es gibt Öle von wirklich ausgezeichneter Qualität, und es lohnt sich, nach ihnen zu suchen und sie zu kosten.

Abgesehen von seinem Wohlgeschmack spielt das Olivenöl auch eine besondere Rolle, was gesunde Ernährung betrifft. In meiner Kindheit wussten wir allerdings noch nicht, dass Olivenöl nur wenig gesättigte Fettsäuren enthält, die den Cholesterinspiegel erhöhen. Noch hatten wir eine Ahnung von seinem hohen Gehalt an mehrfach ungesättigten und einfach ungesättigten Fettsäuren, die den Wert des schädlichen Cholesterins senken.

Ich will jedoch diese Einführung in die griechische Kochkunst nicht mit einem so trockenen und ernsthaften Thema beenden. Dies würde dem heiteren, spielerischen Charakter der griechischen Küche ganz und gar nicht gerecht werden, bei deren Nennung man sich vielmehr eine fröhliche Tischrunde vorstellt, die gemeinsam ein stundenlanges, unbeschwertes Mittagessen im Schatten von alten, knorrigen Olivenbäumen genießt: Dieses Bild, denke ich, dokumentiert das Wesen der griechischen Küche am eindrucksvollsten und besten.

Rena Salaman

***Oben:** In Griechenland trinkt man zum Essen Wein, gelegentlich verwendet man ihn auch zum Kochen und Schmoren.*

***Rechts:** Grüngoldenes griechisches Olivenöl hat einen wunderbar fruchtigen Geschmack.*

Frühling

**Junges Grün, frisches Gemüse,
delikate Fische und Meeresfrüchte**

Wenn der Frühling in der Luft liegt, merkt man das nicht nur an den üppig wuchernden Rosen am Gartenzaun oder an dem betörenden Duft der blühenden Orangen- und Zitronenbäume, sondern auch daran, das sich Neues in der Küche tut. Nun ist es vorbei mit den langsam vor sich hin köchelnden Schmortöpfen, den Trockenbohnen, Kichererbsen und deftigen, gehaltvollen Fleischgerichten. Die Küche nimmt einen leichteren Charakter an, wenn die Sonne wärmer scheint und die Tage länger werden.

Auf den Märkten und in den Gemüsegeschäften tauchen die ersten Artischocken auf, entweder lässig auf Tücher hingeworfen oder mit Liebe und Sorgfalt arrangiert. Sie werden begleitet von leuchtend grünen Frühlingszwiebeln und fein gefiedertem aromatischem Dill, und alle drei sind unverzichtbare Zutaten typischer Frühlingsgerichte, wie z. B. Artischocken mit Kartoffeln. Ein paar Wochen später erscheinen dann die ersten Dicken Bohnen, und ihnen folgen Ende April zarte junge Erbsen. Zusammen mit Artischocken werden all diese Gemüse in den kommenden Wochen in unzähligen Kombinationen zubereitet, und diese Gerichte sind ein so fester Bestandteil der griechischen kulinarischen Tradition, dass ich den Frühling förmlich riechen kann, immer wenn ich Artischocken koche.

Der Frühling ist die Jahreszeit mit der längsten Fastenperiode innerhalb der christlichen Kirche, insbesondere der griechisch-orthodoxen. In den 40 Tagen vor Ostern verzichten bekennende orthodoxe Christen auf Fleisch und Milchprodukte, und so taucht der Stockfisch (eigentlich Klippfisch) auf dem Speisezettel auf. Es ist Tradition, diesen getrockneten, gesalzenen Fisch, meist Kabeljau, am 25. März, dem Fest von Mariä Verkündigung, zu essen. Er wird zuerst eingeweicht, dann in Backteig getaucht und schwimmend ausgebacken, ehe man ihn mit *skorthalia* (siehe Seite 132) serviert, jener scharfen Knoblauchpaste, die selbst dem müdesten Gaumen wieder auf die Sprünge hilft.

Der Stockfisch ist nicht das einzige Nahrungsmittel der Fastenzeit. Alle Arten von Fisch nehmen den Platz von Fleisch ein, und Meeresfrüchte, wie der Kalmar, die Sepia und der Oktopus, werden kombiniert mit Reis, Teigwaren, Kartoffeln, Spinat oder Wildgemüse.

Auch am Palmsonntag kommt in jedem griechischen Haushalt Fisch auf den Tisch, entweder im Ofen gebacken, gegrillt oder als delikate Fischsuppe.

Links: *Artischocken sind sehr beliebt in Griechenland. Wenn sie noch ganz jung sind, schneidet man die Herzen in feine Scheiben und gibt sie roh zum Salat, während man ältere und größere Früchte für Schmorgerichte verwendet.*

Oben: *Mit dem duftigen Aroma von jungem Knoblauch weiß man in der griechischen Küche gut und auf vielfältige Weise umzugehen.*

Links: *Frühlingszwiebeln und die knackigen Blätter des Romana-Salats werden zusammen mit Lammfleisch in der klassischen Ei-Zitronen-Sauce, der* avgolemono*, geschmort. Zum Würzen nimmt man frischen Dill, eines der Lieblingskräuter der Griechen.*

Die Wildgemüse, die man zusammen mit Fisch oder Schaltieren gart, werden auch noch anderweitig verwendet. Auf dem Land beginnt nun die Zeit der für das Frühjahr typischen Pasteten. Obwohl man mit Spinat, Lauch und Käse auch im Winter Pasteten zubereiten kann, sind die des Frühjahrs bei weitem köstlicher. Ihren Wohlgeschmack verdanken sie dem Wildgemüse und den wild wachsenden Kräutern, z. B. den jungen Blättern der Mohnblume, die man sammelt, ehe die Pflanze zu blühen beginnt.

Das schönste Ereignis des Frühjahrs und zugleich der Höhepunkt des griechisch-orthodoxen Kirchenjahres ist das Osterfest. Die endlose, aber melodiöse Liturgie der Nacht von Samstag auf Sonntag erreicht ihren Höhepunkt um Mitternacht, wenn die Priester in ihren prächtigen goldenen Gewändern die byzantinische Osterhymne anstimmen: Christus ist auferstanden. Ihre mit Edelsteinen besetzten Kronen funkeln im Licht der Kerzen, die die Gläubigen in den Händen halten. Jeder hat ein gekochtes rotes Ei mitgebracht, und wenn nun Freunde und Verwandte ihre Eier gegeneinander schlagen, dann ist dies gleichsam das Signal für das Ende der Fastenzeit.

Rechts: *Nach der Karwoche, in der streng gefastet wird, isst man bei jeder Gelegenheit Lamm –, gern wird es mit frischen grünen Erbsen geschmort.*

Den Höhepunkt stellt das Mittagsmahl am Ostersonntag dar, ein Fest, dessen Wurzeln in vorchristliche Zeit reichen. In den Gärten drehen sich die Bratspieße mit den jungen Lämmern oder Ziegen. Zu dieser Jahreszeit ist ihr Fleisch wunderbar zart und aromatisch.

In den Tagen nach Ostern erscheinen dann Gerichte wie Lammscheiben mit Romana-Salat auf dem Speisezettel. Es wird mit frischem Dill gewürzt, mit Ei-Zitronen-Sauce gebunden und schmeckt einfach hinreißend.

Der Mai bringt die ersten jungen Weinblätter, und nun ist Hochsaison für eines der kulinarischen Glanzlichter Griechenlands – *dolmathes*. Da in diesem Monat auch die beste Zeit für die wilden Kräuter ist, z. B. für den wilden Fenchel, dessen gefiederte Blättchen überall am Straßenrand auftauchen, ist es nicht verwunderlich, dass die köstlichste Variante der pikanten gefüllten Weinblätter rein vegetarisch ist, mit einer Füllung, in der Zwiebeln, Frühlingszwiebeln und Kräuter reichlich Verwendung finden.

Wenn die Tage wärmer werden, kommen die ersten grünen Bohnen und violetten Auberginen auf den Markt, und dann weiß man: Bis zum Sommer, der prächtigsten aller Jahreszeiten, ist nur noch ein kleiner Schritt.

Viele der Produkte, die in der griechischen Küche eine große Rolle spielen, sind das ganze Jahr über erhältlich, aber einige gibt es nur zu bestimmten Jahreszeiten. Mit Vorfreude warten die Griechen darauf, dass sie endlich auf den Märkten und in den Gärten auftauchen. Die Zutaten des Frühlings werden dabei wohl am meisten geschätzt, denn ihre Ankunft zeigt den Beginn eines neuen Zyklus im kulinarischen Kalender an.

Erbsen und frische Dicke Bohnen

Junge Erbsen haben einen hohen Stellenwert in der griechischen Frühlingsküche. Man verarbeitet sie zu sättigenden Schmorgerichten, oft zusammen mit Artischocken und frischen Dillblättchen, oder mit Lammfleisch und jungen, zarten Zucchini. Der Anblick ganzer Familien, die vor dem Haus sitzen und Erbsen schälen oder die fleischigen Schoten der Dicken Bohnen aufschlitzen und die Bohnenkerne herauslösen, ist in dieser Zeit häufig. Auch die Kinder helfen mit und freuen sich über die hellgrünen Kerne.

Knoblauch

Diese aromatische Knolle ist aus der griechischen Küche nicht wegzudenken und, zusammen mit Oregano, Thymian und Dill, eine ihrer Hauptzutaten. Man würzt damit reichlich alles, was gekocht wird, aber sie wird auch roh verwendet, z. B. für Pasten, wie die *skorthalia*, oder als Beilage für deftige Wintersuppen.

Weinblätter

In vielen griechischen Gärten wachsen Weinstöcke, und die Hausfrauen wissen die Blätter zu schätzen. Die ersten zarten, hellgrünen Blätter werden im Mai gepflückt. Die Blätter, die man gleich weiterverarbeiten will, müssen zuerst gewaschen, dann ein paar Minuten in kochendem Wasser blanchiert werden. Wenn die Blätter für einen späteren Zeitpunkt gedacht sind, kann man sie in kleinen Mengen roh in einen Gefrierbehälter schichten und einfrieren. Zur Weiterverwendung legt man sie dann ein bis zwei Minuten in kochendes Wasser und lässt sie anschließend gut abtropfen.

Links: *Im Frühling schälen oft ganze Familien frisch geerntete Dicke Bohnen.*

Oben: *Frische zarte Weinblätter werden gefüllt und zu* dolmathes *verarbeitet, Knoblauch dient dabei häufig als Gewürz.*

Gegenüber: *Frühlingszutaten. Im Uhrzeigersinn von links oben nach unten: junge Blätter des Löwenzahns, Artischocken, Frühlingszwiebeln, Romana-Salat, frischer Oregano.*

In Griechenland verwendet man Weinblätter hauptsächlich zur Zubereitung von *dolmathes*. Die Blätter werden um eine Reisfüllung mit Gemüse oder Fleisch gewickelt, in eine Form geschichtet und mit Olivenöl und Zitronensaft gegart. Wichtig ist, dass zu der Füllung reichlich fein gehackte Zwiebeln und frische aromatische Kräuter gegeben werden. Wenn man keine frischen Weinblätter zur Verfügung hat, kann man auch in Salzlake eingelegte verwenden, die vakuumverpackt im Handel erhältlich sind. Oft sind sie jedoch sehr salzig, deshalb sollte man sie vor der Weiterverwendung gut abspülen.

Artischocken

Die Artischocke ist eine Kreuzung aus der Karde und der Distel und wurde im 15. Jahrhundert erstmals in Italien angebaut. Sie breitete sich rasch über andere Mittelmeerländer aus und ist in Griechenland äußerst beliebt. Junge Artischocken kann man roh essen. Die Herzen werden in hauchdünne Scheibchen geschnitten und für Salate verwendet. Größere Früchte gart man zusammen mit anderem Frühlingsgemüse oder mit Lammfleisch.

Artischocken vorbereiten

- Sobald Artischocken angeschnitten werden, verfärben sie sich rasch, deshalb muss man vor dem Putzen eine Schüssel Wasser mit Zitronensaft bereitstellen.

- Die harten Außenblätter der Artischocke entfernen, bis man die zarten inneren Blätter erreicht. Die harten Blattspitzen abschneiden und nur das so genannte Herz mit einem Kranz gestutzter Innenblätter weiterverwenden.
- Artischocke mit einem scharfen Messer der Länge nach durchschneiden. Nun wird in der Mitte das Heu sichtbar. Mit einem Teelöffel aus rostfreiem Stahl das Heu mit den harten violetten Blattspitzen entfernen.
- Stiel bis auf etwa vier Zentimeter abschneiden und wegwerfen. Den verbliebenen Stiel und den Boden dünn abschälen und alle kleineren unteren Blätter herausziehen. Geputzte Artischocken sofort in das Wasser mit dem Zitronensaft geben und bis zur Weiterverarbeitung liegen lassen.

Links: *Die ersten jungen Artischocken, die häufig zusammen mit anderen Gemüsesorten, wie jungen Erbsen, gegart werden, sind ein untrügliches Zeichen für den griechischen Frühling.*

Links: Griechischer Joghurt ist dickflüssig und cremig und hat ein intensives Aroma; er schmeckt keineswegs fade und auch nicht unangenehm sauer.

Unten: Stockfisch, eine bei den Griechen beliebte Fastenspeise, wird mit Kartoffeln, Tomaten, Kräutern und Oliven im Ofen geschmort.

Dill

Griechische Köche lieben frischen Dill und würzen damit großzügig so manches Schmorgericht. Die Pflanze mit dem fein gefiederten Blattwerk ist im Mittelmeerraum heimisch und wächst in einigen Gegenden noch wild. Seit der Antike wird das Kraut in der griechischen Küche häufig und gern verwendet, und sein unverkennbares Aroma verleiht allen Frühlingsgerichten, besonders aber den gefüllten Weinblättern, ihren charakteristischen Geschmack.

Stockfisch

Stockfisch assoziiert man in Griechenland von jeher mit dem Ende des Karnevals und dem Beginn der Fastenzeit. In den folgenden 40 Tagen wird häufig Stockfisch serviert, besonders an den Freitagen. Man kann ihn mit Kartoffeln und Dill im Ofen schmoren; man kann Kroketten daraus zubereiten; oder man frittiert ihn und serviert ihn mit *skorthalia*, der köstlichen griechischen Knoblauchpaste. Für die Herstellung von Stockfisch, eigentlich Klippfisch, wird üblicherweise Kabeljau oder Seelachs verwendet, der gesalzen und dann getrocknet wird. Deshalb muss Stockfisch vor der Verwendung mindestens 24 Stunden in kaltem Wasser eingeweicht werden. Dabei ist es wichtig, das Wasser häufig zu erneuern.

Griechischer Joghurt

Original griechischer Joghurt ist stichfest, herrlich cremig und hat eine feine Kruste. So sah der Joghurt meiner Kindheit aus, den uns ein fliegender Händler jeden Abend an der Haustür verkaufte. Er bewahrte diesen cremigen, weißen Joghurt in einem flachen Behälter aus Ton auf, teilte die gewünschte Menge ab und wog sie. Joghurt dieser Qualität kann man auch heute noch finden. Den besten Joghurt dieser Art habe ich auf Kreta gegessen.

Die Griechen essen ihren Joghurt am liebsten mit einem großzügigen Klecks Thymianhonig beträufelt, als vormittäglichen oder spätabendlichen kleinen Imbiss. Der Genuss dieser Köstlichkeit gehört zu den einfachen, aber schönsten Freuden dieser Welt.

Für 6 Personen als Vorspeise

500 g Zucchini
120 ml kaltgepresstes Olivenöl
1 große Zwiebel, fein gehackt
2 Frühlingszwiebeln, grüne und weiße Teile fein geschnitten
1 Knoblauchzehe, fein gehackt
3 Scheiben Weißbrot (nicht zu dünn geschnitten, kein vorgeschnittenes Toastbrot verwenden)
2 Eier, verquirlt
200 g Feta-Käse, zerkrümelt
50 g griechischer Graviera-Käse oder Parmesan, frisch gerieben
3–4 EL fein gehackter frischer Dill (ersatzweise 1 TL getrockneter Oregano)
Salz, frisch gemahlener Pfeffer
50 g Mehl
6 Zitronenspalten

Zucchiniküchlein aus Alonnisos

kolokythokeftethes alonnisou

Zucchiniküchlein hatte ich vor meinem Besuch der Insel Alonnisos noch nie gegessen. Diese Art der Zubereitung ist einfach genial, denn sie verwandelt ein Gemüse mit relativ wenig Eigengeschmack in ein pikantes, leckeres Gericht, das jeden, der es einmal gekostet hat, begeistert. Zucchiniküchlein können auf der Vorspeisenplatte oder, mit einem Salat, als leichtes Hauptgericht serviert werden.

◎ Schwach gesalzenes Wasser in einem Topf zum Kochen bringen. Die Zucchini waschen, in etwa vier Zentimeter dicke Scheiben schneiden und ins kochende Wasser geben. Zugedeckt ca. 10 Minuten garen, bis sie sehr weich sind. In ein Sieb abgießen, abtropfen und ganz auskühlen lassen.

◎ 50 Milliliter Olivenöl in einer Pfanne erhitzen. Zwiebel und Frühlingszwiebeln unter Rühren glasig dünsten, dann den Knoblauch zugeben. Sobald der Knoblauch Duft entwickelt, Pfanne von der Kochstelle ziehen.

◎ Zucchini mit den Händen ausdrücken, dabei so viel Flüssigkeit wie möglich herauspressen, und in eine große Schüssel geben. Gedünstete Zwiebeln und Knoblauch zugeben und untermischen.

◎ Brotscheiben toasten und entrinden. Brot in Stücke teilen und im Mixer zerkleinern. Die Brotbrösel zu der Zucchini-Zwiebel-Mischung geben und untermischen. Verquirlte Eier zusammen mit dem zerkrümelten Feta-Käse und dem geriebenen Graviera-Käse oder Parmesan unterrühren.

◎ Dill oder Oregano zugeben, mit Salz und Pfeffer abschmecken. Alles mit den Händen gut durchmischen, bis eine homogene Masse entsteht. Wenn die Mischung noch zu flüssig ist, etwas Mehl zugeben.

◎ Jeweils einen gehäuften Esslöffel der Zucchinimasse mit den Händen zu einer Kugel formen und etwas flach drücken, bis die gesamte Masse aufgebraucht ist.

◎ Die Küchlein in Mehl wenden, überschüssiges Mehl abklopfen. Das restliche Olivenöl in einer großen beschichteten Pfanne erhitzen und die Zucchiniküchlein portionsweise von beiden Seiten braten, bis sie goldbraun und knusprig sind. Auf einer doppelten Lage Küchenpapier abtropfen lassen und auf einer vorgewärmten Platte mit den Zitronenspalten servieren.

Für 4 Personen

1 kg mittelgroße Kalmare
50 g Mehl
Salz, frisch gemahlener schwarzer Pfeffer
75 ml Olivenöl oder Sonnenblumenöl
zum Frittieren
1 kräftige Prise getrockneter Oregano
1 Zitrone, geviertelt

Frittierte Kalmare

kalamarakia tiganita

Es gibt nur wenige Gerichte, die köstlicher sind als frittierte Kalmare, besonders wenn man sie unter einem Olivenbaum am Rande eines Sandstrands genießen darf. Und wenn die Kalmare in der Nacht zuvor an eben dieser Küste gefangen wurden, dann ist dieses Gericht eine wahre Gaumenfreude. In Griechenland ist es üblich, Kalmare in Mehl zu wenden und in einer Pfanne in Öl schwimmend auszubacken. Diese Zubereitung ist eine richtige Kunst, denn das Olivenöl muss genau die richtige Temperatur haben, damit die Tintenfische zart bleiben und nicht zäh und trocken werden. Frittierte Kalmare schmecken vor allem als Vorspeise mit Salat.

◎ Kalmare waschen und putzen, wie in der Einleitung zum Winterkapitel beschrieben (Seite 129). Dabei die Fischkörper nicht aufschneiden. Nachdem alle Innereien und der durchsichtige Schulp entfernt sind, Mantel innen und außen unter fließendem kaltem Wasser gründlich waschen und gut abtropfen lassen. Mantel in zwei bis drei Zentimeter breite Ringe schneiden.

◎ Mehl mit Salz und Pfeffer würzen und in einen großen Plastikbeutel geben. Kalmare ebenfalls hineingeben, Ringe und Tentakel getrennt. Beutel schütteln, bis die Stücke gleichmäßig dünn mit Mehl überzogen sind. Überschüssiges Mehl abklopfen.

◎ Öl in einer großen gusseisernen oder beschichteten Pfanne erhitzen. Wenn es zu brodeln beginnt, aber noch nicht anfängt zu rauchen, zuerst die Ringe portionsweise hineingeben. Sie sollen den Boden der Pfanne bedecken, sich aber gegenseitig nicht berühren.

◎ Tintenfischringe etwa 2–3 Minuten schwimmend ausbacken, bis sie goldgelb sind, dann mit einer Gabel jedes Stück einzeln wenden. Das ist ziemlich mühsam, aber das Ergebnis lohnt sich. Weitere 1–2 Minuten in der Pfanne lassen. Mit einer Schaumkelle herausnehmen und auf Küchenpapier abtropfen lassen.

◎ Wenn alle Ringe frittiert sind, die Tentakel ausbacken. Vorsicht Spritzgefahr! Nach 1 Minute wenden. Die Tentakel sind nach sehr kurzer Zeit fertig, da das Öl inzwischen sehr heiß geworden ist.

◎ Frittierte Tintenfische auf einer vorgewärmten Platte anrichten, mit Oregano bestreuen. Mit Zitronenvierteln garnieren und bei Tisch mit dem Saft beträufeln.

Bitten Sie Ihren Fischhändler, Kalmare küchenfertig vorzubereiten. Wenn Sie ihm rechtzeitig Bescheid geben, wird er dies sicher gern für Sie übernehmen.

Für 4 Personen

1,5 l Wasser oder Fischfond
75–100 ml kaltgepresstes Olivenöl
2 kg Fische im Ganzen, geputzt und geschuppt (siehe unten)
8 kleine Kartoffeln, geschält
8 kleine Zwiebeln, geschält
2 Karotten, geschält und in 5 cm lange Stücke geschnitten
1–2 Stangen Bleichsellerie, dazu etwas Selleriegrün
2 Zucchini, in ca. 5 cm lange Stücke geschnitten
Salz, frisch gemahlener schwarzer Pfeffer
Saft von 1 Zitrone

Für die Sauce
Kaltgepresstes Olivenöl, Saft von 1 Zitrone und 1 Prise getrockneter Oregano

Fischsuppe

psarosoupa

Die Fische in Griechenland sind einfach köstlich. Wenn man frühmorgens an der Mole eines kleinen Inselhafens steht und zusieht, wie ein Fischerboot vom nächtlichen Fang zurückkehrt, kann man nur staunen, wie viele verschiedene Fische in den Netzen zappeln und wie herrlich die Farben ihrer Schuppen in der Morgensonne glänzen. Das macht Lust auf eine kräftige Fischsuppe. Die griechische Fischsuppe ist eine eigenständige Mahlzeit. Zuerst wird die Brühe gereicht, anschließend serviert man die Fische und das Gemüse extra auf einer Platte.

In Griechenland bevorzugt man für dieses Gericht den leuchtend orangeroten Drachenkopf – die französische *rascasse rouge* –, der auch unverzichtbarer Bestandteil der südfranzösischen Bouillabaisse ist. Der große, ziemlich hässliche Fischkopf und die Gräten verleihen der Fischbrühe ein rundes und kräftiges Aroma. Der rote Knurrhahn mit seinem feinen, leicht nussigen Geschmack ist allerdings eine gute Alternative.

◎ Wasser oder Fischfond und Olivenöl in einem großen Topf zum Kochen bringen. Etwa 4 Minuten kochen, damit die Mischung emulgiert. Fische zugeben, mit Salz und Pfeffer würzen. Erneut zum Kochen bringen und dabei den entstehenden Schaum mit einem Schaumlöffel abschöpfen.

◎ Kartoffeln, Zwiebeln, Karotten, Selleriestangen mit Selleriegrün und Zucchini zugeben. Nach Bedarf noch etwas Wasser angießen, damit alles knapp mit Flüssigkeit bedeckt ist.

◎ Zugedeckt bei schwacher Hitze ziehen lassen, bis die Fische gar sind. Große Fische brauchen etwa 35 Minuten, kleinere entsprechend weniger. Nicht zu lange garen, damit der Fisch nicht zerfällt.

◎ Fische vorsichtig aus der Brühe heben und auf eine vorgewärmte Platte legen. Gemüse um die Fische arrangieren. Zudecken und warm stellen.

◎ Brühe mit Salz, Pfeffer und Zitronensaft abschmecken und servieren. Die vorgewärmte Platte mit den Fischen und dem Gemüse auftragen und auf Teller verteilen. Olivenöl mit Zitronensaft und Oregano verquirlen und zu Fisch und Gemüse reichen.

Sie können die Suppe mit nur einer Sorte Fisch zubereiten, aber einen besseren Geschmack erzielen Sie, wenn Sie mindestens zwei bis drei verschiedene Sorten wählen. Versuchen Sie neben dem Knurrhahn auch Meeräsche, Zackenbarsch oder Red Snapper.

Für 4 Personen als Vorspeise

4 mittelgroße Artischocken
Saft von 1 ½ Zitronen
150 ml kaltgepresstes Olivenöl
1 große Zwiebel, in dünne Scheiben geschnitten
3 Karotten, in lange Stifte geschnitten
300 ml heißes Wasser
400 g kleine neue Kartoffeln, geschält oder nur gebürstet
4–5 Frühlingszwiebeln, geschnitten
Salz, frisch gemahlener schwarzer Pfeffer
4–5 EL fein gehackter frischer Dill

Artischocken mit neuen Kartoffeln

anginares a la polita

Artischocken gehören zu den kulinarischen Frühlingsboten. Die ersten kommen etwa Mitte März auf den Markt, zusammen mit jungen Dicken Bohnen und aromatisch duftendem Dill. Gemeinsam mit den ersten neuen Kartoffeln sind Artischocken eines der schmackhaftesten Gemüsegerichte, die man sich vorstellen kann.

◎ Artischocken vorbereiten, wie auf Seite 18 beschrieben. Geputzte Artischocken sofort in Wasser mit einem Drittel des Zitronensafts legen, damit sie sich nicht verfärben.

◎ Olivenöl in einem breiten, schweren Topf erhitzen und Zwiebelscheiben glasig dünsten. Karotten zugeben und 2–3 Minuten mitdünsten. Mit dem restlichen Zitronensaft und heißem Wasser ablöschen und aufkochen lassen.

◎ Artischocken abtropfen lassen und mit den Kartoffeln, Frühlingszwiebeln, Salz und Pfeffer zu den Karotten geben. Die Gemüse sollten knapp mit Flüssigkeit bedeckt sein, bei Bedarf heißes Wasser angießen. Zugedeckt bei mittlerer Hitze etwa 40–45 Minuten garen. Mit Dill bestreuen und weitere 2–3 Minuten ziehen lassen.

Für 4 Personen als Vorspeise

4 mittelgroße Artischocken
Saft von 1 ½ Zitronen
150 ml kaltgepresstes Olivenöl
1 Zwiebel, in dünne Scheiben geschnitten
4–5 Frühlingszwiebeln, grob gehackt
2 Karotten, in Scheiben geschnitten
500–675 g junge Erbsen (frisch geschält aus 1,2 kg Schoten)
450 ml heißes Wasser
Salz, frisch gemahlener schwarzer Pfeffer
4 EL fein gehackter frischer Dill

Artischocken mit jungen Erbsen

araka me anginares

Dieses Artischockengericht zeichnet sich durch seinen einzigartigen, feinen Geschmack aus. Das Herauslösen der Erbsen aus den Schoten ist eine etwas zeitraubende Angelegenheit, aber da die frischen zarten Erbsen so unvergleichlich schmecken, lohnt sich die Mühe ganz gewiss.

◎ Artischocken vorbereiten, wie auf Seite 18 beschrieben. Sofort in Wasser mit einem Drittel des Zitronensafts legen.

◎ Olivenöl in einem weiten Topf erhitzen, Zwiebelscheiben und Frühlingszwiebeln zugeben, nach 1 Minute Karotten zugeben. Gemüsemischung dünsten, die ausgelösten Erbsen zugeben. Weitere 1–2 Minuten rühren, bis die Erbsen mit Öl überzogen sind.

◎ Mit dem restlichen Zitronensaft ablöschen, heißes Wasser zugeben und aufkochen lassen. Artischocken abtropfen lassen und zu der Gemüsemischung in den Topf geben. Mit Salz und Pfeffer würzen. Zugedeckt bei mittlerer Hitze 40–45 Minuten garen, dabei gelegentlich umrühren. Dill zufügen und 5 Minuten mitschmoren. Heiß oder lauwarm servieren.

Für 4 Personen

500 g kleine neue Kartoffeln
5 Frühlingszwiebeln, grüne und weiße Teile fein gehackt
1 EL Kapern
8–10 schwarze Oliven
125 g Feta-Käse, in kleine Würfel geschnitten
3 EL fein gehackte glatte Petersilie
2 EL fein gehackte frische Minze

Für die Marinade
90–120 ml kaltgepresstes Olivenöl
Saft von 1 Zitrone, nach Geschmack
2 eingelegte Sardellenfilets, gut abgespült und in feine Streifen geschnitten
3 EL griechischer Joghurt
3 EL fein gehackter frischer Dill
1 TL französischer Senf
Salz, frisch gemahlener schwarzer Pfeffer

Kartoffelsalat mit Feta-Käse

patates salata me feta

Ein Kartoffelsalat mag auf den ersten Blick als eine eher banale Angelegenheit erscheinen, aber dieser hier ist es ganz gewiss nicht, denn bei diesem Rezept vereinen sich die köstlich duftenden frischen Kräuter mit den zahlreichen Aromen der anderen Zutaten. Das Gericht ist sehr einfach zuzubereiten und eignet sich ideal als schnelles Mittag- oder Abendessen, wenn man nicht viel Zeit zum Kochen hat. Man kann den Salat als eigenständige Mahlzeit servieren oder als zweiten Gang nach der Bohnen- oder Linsensuppe von Seite 136/137. Nehmen Sie für dieses Rezept unbedingt eine fest kochende, aromatische Salatkartoffel.

◎ Schwach gesalzenes Wasser in einem Topf zum Kochen bringen und die Kartoffeln mit der Schale 25– 30 Minuten kochen, bis sie gerade weich sind. Nicht zu lange kochen, damit sie nicht zerfallen. Abgießen und etwas abkühlen lassen.

◎ Abgekühlte Kartoffeln schälen und in eine große Schüssel geben. Sehr kleine Kartoffeln ganz lassen, größere in Würfel schneiden. Frühlingszwiebeln, Kapern, Oliven, Feta-Käse und die frischen Kräuter zugeben und vorsichtig untermischen.

◎ Für die Marinade Olivenöl mit dem Zitronensaft und den Sardellenstreifen in eine Schüssel geben.

◎ Alles miteinander kräftig verquirlen, bis die Sauce dicklich wird. Joghurt, Dill und Senf unterrühren, mit Salz und Pfeffer abschmecken.

◎ Solange die Kartoffeln noch lauwarm sind, mit der Marinade beträufeln und vorsichtig, aber gründlich vermengen, dass alle Kartoffeln damit überzogen sind.

Damit sich das Aroma besser entfalten kann, lassen Sie den Salat vor dem Servieren unbedingt mindestens 1 Stunde bei Zimmertemperatur durchziehen. Er schmeckt auch noch am nächsten Tag köstlich, aber nehmen Sie ihn bitte etwa 1 Stunde vor dem Essen aus dem Kühlschrank, damit das Aroma richtig zur Geltung kommt.

Für 4 Personen als Hauptgericht
Für 6 Personen als Vorspeise

50 frische oder 250 g eingelegte Weinblätter
175 g Langkornreis
400 g Zwiebeln, sehr fein gehackt
4–5 Frühlingszwiebeln, grüne und weiße Teile dünn geschnitten
2 EL geröstete Pinienkerne
4 EL fein gehackter frischer Dill
3 EL fein gehackte frische Minze
2 EL fein gehackte glatte Petersilie
150 ml kaltgepresstes Olivenöl
Saft von 1 Zitrone
Salz, frisch gemahlener schwarzer Pfeffer
450 ml heißes Wasser
4–6 Zitronenspalten

Gefüllte Weinblätter

dolmathes

Diese berühmte und äußerst beliebte griechische Delikatesse kann man mit verschiedenen Füllungen zubereiten, gelegentlich wird dabei auch Fleisch verwendet. Ich persönlich mag am liebsten die vegetarischen *dolmathes* der Fastenzeit, die am köstlichsten schmecken, wenn sie mit den ersten frischen Weinblättern des Jahres zubereitet werden. Man pflückt sie entweder selbst von dem Weinstock, der in jedem griechischen Garten wächst, oder kauft sie auf den lebhaften, bunten Märkten der größeren und kleineren griechischen Städte. Wenn Sie keine frischen Weinblätter bekommen können, nehmen Sie eingelegte Weinblätter, die Sie in griechischen Geschäften oder in gut sortierten Supermärkten finden.

◎ Frische Weinblätter vor der Weiterverarbeitung portionsweise in kochendem Wasser blanchieren, nach ein paar Sekunden mit der Schaumkelle herausnehmen und in einem Sieb abtropfen lassen. Nur weich werden lassen, auf keinen Fall kochen. Eingelegte Blätter können sehr salzig sein, daher unbedingt gut abspülen und anschließend in heißes Wasser legen. 4–5 Minuten im Wasser liegen lassen, dann in ein Sieb geben, erneut abspülen und wieder abtropfen lassen.

◎ Reis in eine große Schüssel geben. Zwiebeln, Frühlingszwiebeln, Pinienkerne, Dill, Minze und Petersilie zufügen. Alles gut vermengen, dann die Hälfte des Olivenöls und die Hälfte des Zitronensafts zugießen. Salzen und pfeffern und gut vermischen.

◎ Einen Topf mit breitem Boden mit zwei bis drei Weinblättern auslegen. Die anderen Weinblätter mit der glatten Seite nach unten auf die Arbeitsfläche legen und jeweils einen gehäuften Teelöffel der Füllung auf die breite Seite beim Stielansatz geben. Die beiden Seiten rechts und links über die Füllung klappen und dann das Ganze von der breiten Seite zur Spitze hin aufrollen. Röllchen mit den Blattenden nach unten dicht an dicht kreisförmig in den Topf legen.

◎ Restliches Olivenöl mit dem restlichen Zitronensaft verquirlen und die *dolmathes* damit begießen. Röllchen mit einem umgedrehten Teller beschweren, damit sie beim Garen nicht aufgehen. Heißes Wasser angießen und zugedeckt 1 Stunde bei schwacher Hitze schmoren lassen. Die *dolmathes* heiß oder lauwarm servieren. Besonders hübsch sieht es aus, wenn man die Röllchen auf frischen Weinblättern arrangiert und mit Zitronenspalten garniert.

Für 4 Personen als Hauptgericht
Für 6 Personen als Vorspeise

1 kg frische Sepien
150 ml kaltgepresstes Olivenöl
1 große Zwiebel (etwa 250 g), gehackt
1 Glas Weißwein (etwa 175 ml)
300 ml heißes Wasser
500 g Kartoffeln, geschält und in Würfel geschnitten
4–5 Frühlingszwiebeln, gehackt
Saft von 1 Zitrone
Salz, frisch gemahlener schwarzer Pfeffer
4 EL fein gehackter frischer Dill

Sepien mit Kartoffeln

soupies me patates

Kaufen Sie für dieses Gericht möglichst kleinere oder mittelgroße Sepien. Wenn Sie nur sehr große bekommen können, müssen Sie mit einer etwas längeren Garzeit als angegeben rechnen.

◎ Sepien küchenfertig vorbereiten, dabei vorgehen, wie in der Einleitung zum Winterkapitel beschrieben (Seite 129). Sepien gut abspülen und auf Küchenpapier abtropfen lassen, in zwei Zentimeter breite Ringe schneiden.

◎ Öl in einer schweren Deckelpfanne erhitzen und Zwiebeln etwa 5 Minuten goldgelb braten. Sepiaringe zugeben und etwa 10–15 Minuten schmoren, bis alle Flüssigkeit verdampft ist und die Fischstücke allmählich Farbe annehmen.

◎ Mit Weißwein ablöschen, einkochen lassen. Wasser zugießen. Zugedeckt etwa 10 Minuten garen, dann Kartoffeln, Frühlingszwiebeln, Zitronensaft, Salz und Pfeffer zugeben. Alles soll knapp mit Flüssigkeit bedeckt sein; bei Bedarf Wasser nachgießen. Zugedeckt bei schwacher Hitze etwa 40 Minuten schmoren, bis der Fisch weich ist. Gelegentlich umrühren. Dill zugeben und weitere 5 Minuten schmoren. Heiß servieren.

Für 4 Personen

1 Zwiebel, in Scheiben geschnitten
60 ml kaltgepresstes Olivenöl
50 g Butter
2 große Stangen Lauch, in Ringe geschnitten
125 g Mehl
½ TL Natron
3 große Eier, verquirlt
200 g griechischer Joghurt
300 g Feta-Käse, in Würfel geschnitten
125 g Gruyère oder Parmesan, frisch gerieben
3–4 EL fein gehackter frischer Dill
Salz, frisch gemahlener schwarzer Pfeffer
Zitronenspalten, schwarze Oliven und Radieschen zum Garnieren

Elektras Käse-Lauch-Pastete

electra's tyropitta

Diese Köstlichkeit servierte uns unsere Freundin Elektra zu einem Glas Wein, immer wenn wir sie auf der Insel Alonnisos besuchten. Die Pastete fällt für griechische Begriffe etwas aus dem Rahmen, weil sie ohne Teig zubereitet wird.

◎ Zwiebel in Öl und Butter goldgelb dünsten. Lauch zugeben und zugedeckt bei schwacher Hitze etwa 10 Minuten weich schmoren. Etwas abkühlen lassen.

◎ Backofen auf 180 °C (Umluft 160 °C, Gas Stufe 4) vorheizen. Eine Springform einfetten. Mehl mit Natron in eine Schüssel sieben. Eier unterrühren, Joghurt und Feta-Käse untermischen, dann die Lauch-Zwiebel-Mischung. Zwei Esslöffel des geriebenen Gruyère oder Parmesan beiseite stellen, restlichen Käse mit Dill zu der Mischung geben. Gut vermengen und mit Salz und Pfeffer abschmecken.

◎ In die vorbereitete Springform füllen, mit dem restlichen Käse bestreuen und 40–50 Minuten backen. Abkühlen lassen. Mit Zitronenspalten, schwarzen Oliven und Radieschen garnieren. Olivenöl zum Beträufeln bereitstellen.

Für 4 Personen als Hauptgericht
Für 6 Personen als Vorspeise

700 g Stockfisch
800 g Kartoffeln, geschält und in kleine Spalten geschnitten
1 große Zwiebel, fein gehackt
2–3 Zehen Knoblauch, fein gehackt
1 Zweig frischer Rosmarin
2 EL gehackte glatte Petersilie
Frisch gemahlener schwarzer Pfeffer
120 ml kaltgepresstes Olivenöl
400 g Tomaten aus der Dose
1 EL Tomatenmark
300 ml heißes Wasser
1 TL getrockneter Oregano
12 schwarze Oliven
Frische Kräuter zum Garnieren

Stockfisch mit Kartoffeln, Tomaten und Oliven

bakaliaros plaki sto fourno

Seit Generationen wird in Griechenland im Winter Stockfisch gegessen. Besonders beliebt ist er auch als traditionelles Fastengericht im Frühling, und so steht das folgende Gericht an den Freitagen vor Ostern häufig auf den Speisekarten der Restaurants der größeren Städte. Die gelblich weißen getrockneten Stockfischseiten, oft mit Salzkristallen überkrustet, sind ein ganz normaler Anblick auf dem großen Markt in Athen, aber auch an den Ständen vieler Wochenmärkte sind sie zu finden. Obwohl man sich an den Geschmack erst gewöhnen muss, kann aus einem guten, fleischigen Stück ein überaus appetitliches Gericht entstehen.

◎ Stockfisch 12 Stunden wässern, dabei das Wasser so häufig wie möglich wechseln. Für dieses Gericht braucht der Stockfisch nicht gehäutet zu werden, doch etwaige Gräten und Flossen entfernen.

◎ Backofen auf 180 °C (Umluft 160 °C, Gas Stufe 4) vorheizen. Kartoffeln, Zwiebel, Knoblauch, Rosmarin und Petersilie in eine ofenfeste Form geben. Mit reichlich schwarzem Pfeffer würzen. Olivenöl zugeben und gut durchmischen, so dass alle Zutaten mit Öl überzogen sind.

◎ Stockfisch abtropfen lassen und in mundgerechte Stücke schneiden. Fischstücke zwischen die Kartoffeln schichten. Dosentomaten darüber verteilen.Tomatenmark in dem heißen Wasser auflösen und über den Auflauf gießen. Mit Oregano bestreuen. Form in den vorgeheizten Ofen schieben und 1 Stunde backen, dabei gelegentlich Fischstücke und Kartoffeln mit dem sich bildenden Saft beträufeln.

◎ Form aus dem Ofen nehmen und die Oliven auf dem Gericht verteilen, dann weitere 30 Minuten im Backofen garen lassen. Falls die Mischung zu trocken wird, etwas heißes Wasser zugeben. Mit frischen Kräutern garnieren. Heiß oder kalt servieren.

Sie finden Stockfisch (eigentlich Klippfisch) häufig in italienischen oder spanischen Lebensmittelgeschäften und natürlich in griechischen Läden. Oft ist er bereits in kleine Quadrate geschnitten, die man nur noch wässern und anschließend abtropfen lassen muss. Wenn Sie Stockfisch im Ganzen kaufen, wässern Sie ihn erst; schneiden Sie ihn dann in etwa sieben Zentimeter lange Quadrate.

Für 4 Personen

1 Glas Rotwein (etwa 175 ml)
4 EL Rotweinessig
2 Lorbeerblätter, zerkrümelt
1 Kaninchen, in Portionsstücke geteilt
3 EL Mehl
100 ml kaltgepresstes Olivenöl
2 Karotten, in dicke, etwa 10 cm lange Stifte geschnitten
2 Selleriestangen, in Scheiben geschnitten
3 Knoblauchzehen, der Länge nach halbiert
1 Zimtstange
3–4 Pimentkörner
Salz, frisch gemahlener schwarzer Pfeffer
1–2 Zweige frischer Rosmarin
1 EL Tomatenmark, in 300 ml heißem Wasser aufgelöst
700 g Perlzwiebeln, geschält
1 TL brauner Zucker

Kaninchen mit Zwiebeln

kouneli stifatho

Auf diese Art zubereitet, verwandelt sich das milde Kaninchenfleisch in ein aromatisches und köstliches Gericht. Die verschiedenen süßlichen und pikanten Geschmacksnoten ziehen zusammen mit den Gewürzen tief in das Fleisch ein. Servieren Sie als Gegenpol zu diesem recht würzigen und deftigen Schmorgericht einen frischen grünen Salat.

◎ Wein und Rotweinessig in eine flache Form gießen, die so groß ist, dass man alle Kaninchenteile nebeneinander legen kann. Lorbeerblätter und Kaninchenstücke in die Wein-Essig-Mischung geben und einmal wenden, so dass alle Fleischstücke mit der Flüssigkeit überzogen sind. 4–6 Stunden marinieren, dabei die Stücke mindestens einmal wenden.

◎ Kaninchenteile aus der Marinade nehmen und mit Küchenpapier trockentupfen. Marinade aufheben. Kaninchenteile in Mehl wenden.

◎ In einer großen schweren Pfanne die Hälfte des Olivenöls erhitzen und die Kaninchenteile von allen Seiten anbraten. Aus der Pfanne nehmen und in einen ofenfesten Schmortopf schichten.

◎ Backofen auf 160 °C (Umluft 140 °C, Gas Stufe 3) vorheizen. Karotten und Sellerie in die Pfanne geben. Im Bratfett bei schwacher Hitze etwa 3 Minuten dünsten. Knoblauch zugeben. Sobald der Knoblauch Duft entwickelt, Inhalt der Pfanne zu den Kaninchenteilen in den Schmortopf geben.

◎ Marinade zugießen und bei mittlerer Hitze einkochen lassen. Gewürze, Rosmarin und das aufgelöste Tomatenmark zugeben. In den Backofen schieben und zugedeckt 1 Stunde garen.

◎ Inzwischen das restliche Olivenöl in der Pfanne erhitzen und die Perlzwiebeln von allen Seiten hellbraun anbraten, Pfanne mehrmals schütteln. Braunen Zucker über die Zwiebeln streuen (Pfanne erneut schütteln) und weitere 5–6 Minuten braten, bis der Zucker karamellisiert. Pfanne von der Kochstelle ziehen.

◎ Nach 1 Stunde Schmorzeit karamellisierte Perlzwiebeln auf dem Fleisch verteilen und so viel heißes Wasser angießen, dass alle Zutaten mit Flüssigkeit bedeckt sind. Zugedeckt 1 weitere Stunde im Backofen garen. Mit frischem Rosmarin garnieren.

Für 4 Personen

75 ml kaltgepresstes Olivenöl
1 Brathuhn (etwa 1,6 kg), in Portionsstücke geteilt (wenn möglich aus natürlicher Aufzucht)
1 große Zwiebel, grob gehackt
1 großes Glas Rotwein (etwa 250 ml)
2 EL Tomatenmark, in 450 ml heißem Wasser aufgelöst
1 Zimtstange
3–4 Pimentkörner
2 Lorbeerblätter
Salz, frisch gemahlener schwarzer Pfeffer

Geschmortes Huhn mit Rotwein und Gewürzen

kotopoulo kokkinisto alonnisou

Diese Art der Geflügelzubereitung hat auf der Insel Alonnisos Tradition. Das Gericht ist etwas Besonderes, es ist für Sonntage und religiöse Festtage reserviert. Aber es steht auch im »Meltemi«, unserem Lieblingsrestaurant am Strand von Megalo Mourtia, häufig auf der Speisekarte. In Griechenland reicht man gekochten Reis dazu oder *kritharaki*, reiskornförmige kleine Nudeln. Am besten jedoch schmecken dazu dick geschnittene, in Olivenöl gebratene Kartoffeln.

◎ Olivenöl in einem großen Schmortopf erhitzen und die Hühnchenteile von allen Seiten gut anbraten. Fleisch aus dem Topf nehmen und beiseite stellen. Zwiebel im Bratfett glasig dünsten.

◎ Hähnchenteile zurück in den Topf geben, Wein angießen und 2–3 Minuten schmoren lassen, bis die Flüssigkeit reduziert ist. Das aufgelöste Tomatenmark, Zimt, Piment und Lorbeerblätter zugeben. Salzen und pfeffern. Zugedeckt bei mittlerer Hitze 1 Stunde schmoren, bis das Fleisch gar ist. Mit Reis, Reisnudeln oder gebratenen Kartoffeln servieren.

Für 4 bis 6 Personen

75 ml kaltgepresstes Olivenöl
4–6 dicke Scheiben Lammschulter mit Knochen
1 große Zwiebel, in dünne Scheiben geschnitten
5–6 Frühlingszwiebeln, grob gehackt
2 Karotten, in Scheiben geschnitten
Saft von 1 Zitrone
Salz, frisch gemahlener schwarzer Pfeffer
500–675 g junge Erbsen (frisch geschält aus 1,2 kg Schoten)
4 EL fein gehackter frischer Dill

Milchlamm-Topf mit frischen jungen Erbsen

arnaki me araka

Im April und Mai schmeckt Lammfleisch am besten, da die Tiere fast nur mit Muttermilch ernährt werden. In dieser Zeit kommen auch die ersten jungen Erbsen auf den Markt. In diesem Rezept vereinigen sich diese beiden Zutaten zu einem der köstlichsten Gerichte der griechischen Küche.

◎ Olivenöl erhitzen und das Lammfleisch von beiden Seiten kräftig anbraten. Fleischstücke herausnehmen und Zwiebelscheiben im Bratfett glasig dünsten. Frühlingszwiebeln und Karotten zugeben. 3–4 Minuten schmoren.

◎ Fleischstücke zurück in den Topf geben, mit Zitronensaft ablöschen und einkochen lassen. So viel heißes Wasser zugießen, bis das Fleisch mit Flüssigkeit bedeckt ist. Salzen und pfeffern. Zugedeckt 45–50 Minuten schmoren, bis das Fleisch fast gar ist. Zwischendurch umrühren.

◎ Erbsen und die Hälfte Dill zugeben; wenn nötig, noch etwas Wasser angießen. Zugedeckt weitere 20–30 Minuten schmoren. Vor dem Servieren mit dem restlichen Dill bestreuen.

Für 4 bis 6 Personen

50 ml Olivenöl
1 Zwiebel, gehackt
1 kg Lammkeule mit Knochen, in 4–6 mitteldicke Scheiben geschnitten
Salz
2 Köpfe Romana-Salat, in breite Streifen geschnitten
6 Frühlingszwiebeln, geschnitten
4 EL grob gehackter frischer Dill
2 Eier
1 EL Speisestärke, in 120 ml kaltem Wasser aufgelöst
Saft von 1 Zitrone
Dill zum Garnieren

Lammscheiben mit Romana-Salat

arnaki fricassee

Dies ist eines der klassischen Gerichte der griechischen Küche, man findet es sowohl auf den Inseln, als auch auf dem Festland zwischen Ionischem und Ägäischem Meer. Man bereitet diese Delikatesse gerne in der Zeit nach Ostern zu, wenn das Lammfleisch am feinsten schmeckt und wenn auf den Märkten knackiger Salat und frischer Dill im Überfluss zu haben sind. Achten Sie darauf, dass am Ende der Garzeit noch genügend Kochflüssigkeit vorhanden ist, denn sie ist die Basis für die *avgolemono*, die köstliche griechische Ei-Zitronen-Sauce. Servieren Sie dazu reichlich frisches, knuspriges Weißbrot, damit Sie auch den letzten Tropfen dieser Sauce auftunken können.

◎ Olivenöl in einem großen Schmortopf erhitzen und die Zwiebel glasig dünsten.

◎ Hitze erhöhen und Lammfleischscheiben von allen Seiten kräftig anbraten, bis alle Flüssigkeit verdampft ist. Etwa 15 Minuten braten.

◎ Salzen und so viel heißes Wasser zugießen, dass das Fleisch bedeckt ist. Zugedeckt etwa 1 Stunde schmoren, bis das Fleisch gar ist.

◎ Salatstreifen, Frühlingszwiebeln und Dill zugeben. Bei Bedarf noch etwas Wasser angießen, so dass alles knapp bedeckt ist. Zugedeckt weitere 15–20 Minuten kochen. Topf von der Kochstelle ziehen und das Gericht 5 Minuten ruhen lassen.

◎ Für die Sauce die Eier in einer Schüssel leicht verschlagen, die aufgelöste Speisestärke zugeben und weiter schlagen, bis die Mischung homogen ist. Zitronensaft zugießen und nach und nach unter Rühren fünf bis sechs Esslöffel der heißen Kochflüssigkeit aus dem Lammtopf zugeben.

◎ Zitronensauce über das Fleisch gießen. Nicht umrühren, sondern Topf nur leicht schwenken, bis sich die Sauce mit der Kochflüssigkeit verbunden hat. Schmortopf zurück auf die Kochstelle ziehen und bei geringer Hitze 2–3 Minuten stehen lassen, bis die Sauce ausreichend erwärmt ist. Auf keinen Fall kochen, da sonst die Sauce gerinnt. Auf vorgewärmten Tellern anrichten und nach Belieben mit Dill garnieren.

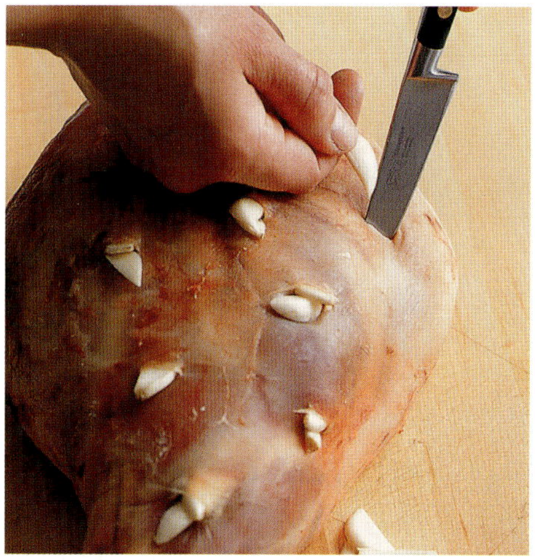

Für 6 bis 8 Personen

1 Lammkeule (etwa 2 kg)
3 Knoblauchzehen, der Länge nach geviertelt, dazu
6–8 Knoblauchzehen im Ganzen, ungeschält oder 1–2 Knollen Knoblauch, quer halbiert
1 kg Kartoffeln, geschält und längs geviertelt
Saft von 1 Zitrone
50 ml kaltgepresstes Olivenöl
½ l heißes Wasser
1 TL getrockneter Oregano
½ TL getrockneter Thymian oder
1 EL gehackter frischer Thymian
Salz, frisch gemahlener schwarzer Pfeffer

Lamm aus dem Ofen mit Kartoffeln und Knoblauch

arnaki sto fourno me patates

Früher war ein Backofen in einem griechischen Haushalt unüblich, deshalb brachte man das vorbereitete Gericht morgens zum Dorfbäcker und holte es mittags fertig gegart wieder ab. Aus diesem Grund musste man alles in einem einzigen Topf garen können. Man schichtete also Fleisch und Beilagen in eine große Aluminiumform, streute Kräuter darüber und beträufelte es mit Olivenöl, bevor man es zum Bäcker trug. Dieser goss dann nur noch Wasser an, damit das Fleisch in seinem glühend heißen Backofen nicht austrocknete. Und um die Mittagszeit konnte man eine komplette, fertig gegarte Mahlzeit abholen, mit Fleisch, Kartoffeln und Sauce in einer einzigen Form.

◎ Backofen auf 220 °C (Umluft 200 °C, Gas Stufe 7) vorheizen. Lammkeule in einen Bräter geben. Mit einem spitzen Messer kleine Einschnitte in das Fleisch machen und jeweils einen Knoblauchstift hineinstecken.

◎ Kartoffeln und Knoblauchzehen, bzw. die halbierten Knollen, um das Fleisch legen, mit Zitronensaft und Olivenöl beträufeln und die Hälfte der Wassermenge angießen. Mit der Hälfte der Kräuter und der Hälfte der Gewürze bestreuen.

◎ Bräter in den Backofen schieben. Nach 15 Minuten Bratzeit Hitze auf 190 °C (Umluft 170 °C, Gas Stufe 5) reduzieren und 1 Stunde garen. Lammkeule wenden und restliche Kräuter und Gewürze zugeben. Kartoffeln ebenfalls wenden. Das restliche heiße Wasser nachgießen und weitere 25–30 Minuten garen.

◎ Bräter aus dem Ofen nehmen und Fleisch, mit einem sauberen Küchentuch bedeckt, vor dem Anschneiden 10 Minuten ruhen lassen. Die Knoblauchzehen lassen sich leicht aus ihren Schalen herausdrücken. Sie sind butterweich und schmecken köstlich.

Für 6 bis 8 Personen

Für den Teig
250 g Mehl, gesiebt
1 Prise Salz
2 EL Zucker
125 g Butter, in Flöckchen
Etwa 50 ml kaltes Wasser

Für die Füllung
4 Eier
50 g Zucker
1 EL Mehl
500 g griechischer *mizithra* (Frischkäse aus Schafmilch, ersatzweise Ricotta)
4 EL Thymianhonig
½ TL gemahlener Zimt

Käse-Honig-Kuchen aus Siffnos

melopitta siffnou

Dies ist eine Art ägäischer Käsekuchen, der mit Honig und *mizithra* zubereitet wird, einem ungesalzenen Frischkäse aus Schafmilch, der an italienischen Ricotta erinnert. Der Kuchen gehört zu den süßen Osterspezialitäten der Kykladen und ist besonders auf Siffnos und Ios beliebt. Auf Santorin gibt es ein ähnliches Gebäck mit Namen *militinia:* kleine Teigtaschen mit einer Füllung aus *mizithra*, Eiern und Zucker und mit Mastix, dem Harz des Mastixstrauches, gewürzt.

◎ Mehl mit der Prise Salz und Zucker in einer Schüssel mischen. Butterflöckchen rasch unterkneten und nach und nach Wasser zugeben, bis ein glatter, nicht zu weicher Teig entsteht. Zu einer Kugel formen und in Folie gewickelt 30 Minuten kühl stellen.

◎ Backofen auf 180 °C (Umluft 160 °C, Gas Stufe 4) vorheizen. Teig auf bemehlter Arbeitsfläche dünn ausrollen. Eine gefettete Springform mit dem Teig auskleiden. Überstehenden Rand abschneiden.

◎ Für die Füllung Eier in einer Schüssel verquirlen. Zucker und Mehl zugeben und schaumig schlagen. Nach und nach Frischkäse, Honig und die Hälfte des Zimts zugeben und kräftig untermischen, bis eine homogene Masse entsteht.

◎ Käsemischung auf dem Teigboden verteilen und Oberfläche glatt streichen. Auf mittlerer Schiene 50–60 Minuten backen, bis der Kuchen eine goldgelbe Farbe angenommen hat. Aus dem Backofen nehmen und noch warm mit dem restlichen Zimt bestreuen.

Sie können auch eine Fertigbackmischung Mürbteig oder tiefgefrorenen Mürbteig verwenden.

Sommer

Süße, sonnengereifte Tomaten, duftende Kräuter und pralle, leuchtend violette Auberginen

Die prächtigste aller Jahreszeiten ist der Sommer. Es ist die Jahreszeit der griechischen Inseln; man steht an den Molen der kleinen Häfen und sieht zu, wie die Fischer ihren Fang ausladen. Die Menschen verbringen so viel Zeit wie möglich im Freien, auch wenn das nur auf einem winzigen Balkon in einem Wohnblock im heißen, lärmenden, quirligen Athen ist.

Griechischer Sommer – damit assoziiere ich zuallererst den betörenden Duft von Jasmin, und danach denke ich an Mittagessen unter dem silbrigen Blätterdach von Olivenbäumen am Rand des schimmernden Sandstrands von Lefto Yialo auf Alonnisos. Ein herrliches Gericht nach dem anderen aus der Küche von Magda Anagnostou wird aufgetragen: gebratene, würzige Auberginen, begleitet von Schälchen mit erfrischendem Tzatziki; Oktopus mit Pasta (siehe Seite 144); Fisch aus dem Ofen mit Gemüse und natürlich die Krönung aller griechischen Sommergerichte – hell glänzende Scheiben vom Schwertfisch oder *mayatico*, eine Art weißfleischiger Thunfisch, über Holzkohle gegrillt.

Wenn die Dämmerung hereinbricht, ist es Zeit für ein Grillfest, und die schönsten dieser Art durfte ich bei Panagiotis Kaloyiannis oder Nikos Malamatenios im alten Dorf von Alonnisos erleben. Nun werden *souvlaki* aufgetischt – zartes Fleisch vom Lamm oder Schwein, in Würfel geschnitten und in Knoblauchöl mariniert, auf Spießen im Freien über Holzkohle gegrillt. *souvlaki* mit Hühnerfleisch sind ebenfalls sehr wohlschmeckend, besonders wenn man dazu die auf dieser Insel so beliebten länglichen grünen Paprikaschoten serviert und wenn man sie vor dem Grillen mit duftendem Oregano würzt. Am köstlichsten schmecken jedoch die Spieße mit fleischigen weißen Schwertfischwürfeln.

Der Sommer verleiht der griechischen Küche eine spielerische und heitere Note. Die farbenprächtigen Gemüse spielen nun eine besondere Rolle, vor allem bei den Mittagsgerichten. Einfache Speisen, wie *strapatsatha* – frische Tomaten in der Pfanne mit Rührei gebraten –, schmecken besonders im Sommer unvergleichlich gut. Jetzt haben auch die prächtigen,

Links: *Im Sommer haben die violetten Auberginen Hochsaison, die auf vielerlei Weise zubereitet werden – als Schmorgericht, gefüllt und im Ofen gebacken, oder in Scheiben geschnitten und gebraten für den Klassiker der griechischen Küche,* Moussaka.

Oben: *Thymian wächst in Griechenland wild auf den Berghängen. Er wird im Sommer gepflückt und getrocknet und verleiht so manchem Gericht in den Wintermonaten seine intensive Würze.*

violetten Auberginen Hochsaison, die das einfachste Gemüsegericht in einen wahren Leckerbissen verwandeln können.

Wenn Sie Griechenland im Sommer besuchen, sollten Sie um die Mittagszeit einen Besuch beim Dorfbäcker einplanen; die köstlichen Düfte, die Ihnen dort in die Nase steigen, dürfen Sie sich auf keinen Fall entgehen lassen. Früher war es kaum üblich, in einer griechischen Küche einen Backofen vorzufinden, und so wurden die Zutaten in die *tapsi* geschichtet, eine große runde Form aus Aluminium, und am Vormittag zum Dorfbäcker gebracht, wo die Gerichte dann in dem großen Backofen, der noch heiß vom Brotbacken war, fertig garen konnten. Diese praktische Lösung hatte einen weiteren Vorteil: Die Häuser im Dorf blieben schön kühl, im Gegensatz zur Bäckerei, in der es glühend heiß war.

Im Sommer findet einer der wichtigsten Feiertage der griechisch-orthodoxen Kirche statt – Mariä Himmelfahrt am 15. August. Dieses Kirchenfest, dem eine 14-tägige Fastenzeit vorausgeht, wird auf den Inseln besonders prächtig gefeiert. Nachdem man der Morgenliturgie in der Kirche beigewohnt hat, setzen sich die Familien und Freunde zu einem festlichen Mittagessen zusammen. Auf den Tisch kommen Lamm aus dem Ofen mit Kartoffeln und Knoblauch, gebratenes Zicklein oder köstlicher *yiouvetsi* (Lammeintopf mit Tomaten, Knoblauch und Reisnudeln).

Nach der langen Fastenzeit langen alle kräftig zu. Der Sommer ist die Zeit des Überflusses. Jetzt darf jeder schwelgen und es sich gut gehen lassen. Farbenprächtiges Gemüse und aromatisch duftende Kräuter – das sind die Zutaten, die typische Sommergerichte, wie *souvlaki*, zu etwas ganz Besonderem machen. In der griechischen Sommerküche sind die

Oben: *In einer traditionellen griechischen Küche liegen köstliche Tomaten, unter der Sommersonne gereift, frisch gewaschen zur Verarbeitung bereit.*

Unten: *Fischerboote im Hafen von Hydra in der Dämmerung. Zu den Freuden des griechischen Sommers gehört es, morgens an der Mole zu stehen und den Fischern beim Ausladen ihres nächtlichen Fangs zuzuschauen.*

Ganz links: *Pralle, violette Auberginen sind ein äußerst beliebtes Sommergemüse und werden auf verschiedene Weise sehr fantasievoll zubereitet.*

Links: *Ein weiteres Gemüse, das die Griechen überaus schätzen – Okra wird mit Tomaten, Fleisch oder Huhn langsam geschmort.*

Gemüse zweifellos die Hauptdarsteller. Von den mannigfaltig geformten aromatischen Tomaten bis hin zu den prallen Auberginen und von den exotischen Okraschoten bis hin zu den zahlreichen Sorten grüner Bohnen – alle zusammen tragen sie zu der leichten Note der Sommerküche bei.

Auberginen

Auberginen werden sehr fantasievoll zubereitet. Früher waren sie oft bitter, deshalb musste man sie vor dem Garen in Scheiben schneiden und in Salzwasser legen. Zum Glück ist das bei den heutigen Züchtungen nur noch selten der Fall. Auberginen lieben Öl, sie saugen es auf wie Löschpapier, deshalb muss man bei der Zubereitung überlegt vorgehen. Manchmal ist es gesünder und bekömmlicher, sie im Ofen zu backen, statt sie zu braten.

Okra

Das Gemüse stammt ursprünglich aus Afrika und findet in der kreolischen Küche häufige Verwendung. Die grünen Schoten sind die Früchte einer einjährigen Pflanze, die bis zu zwei Meter hoch werden kann. In Griechenland sind die Okraschoten eher klein und schmal. Man muss sorgsam mit ihnen umgehen, damit das Fruchtfleisch nicht verletzt wird. Okra sondern einen zähen, klebrigen Saft ab, wenn man die Schoten verletzt, der die Kochflüssigkeit eindickt beim Garen. Werden die Schoten im Ganzen gekocht, schmecken sie mild und zergehen auf der Zunge. Okra sind in Griechenland äußerst beliebt. Das Gemüse schmeckt wunderbar zusammen mit Fleisch oder Huhn, aber meistens wird es mit Tomaten geschmort. Dieses Gericht nennt man *bamies* – eines meiner Lieblingsessen –, besonders wenn man Scheiben von Feta-Käse und frisches knuspriges Weißbrot dazu reicht.

Okra vorbereiten

- Wenn Sie Okra im Ganzen zubereiten wollen, schneiden Sie mit einem scharfen Küchenmesser von jeder Schote den konischen Stielansatz ab. Schnitzen Sie

das Stielende so zurecht, dass es wie ein kleiner Kegel aussieht. Schneiden Sie aber nicht zu viel von der Schote ab; die Kerne im Inneren dürfen nicht zu sehen sein.
- Die kleine schwarze Spitze am anderen Ende ebenfalls abschneiden.
- Die Schoten unter kaltem Wasser kurz abspülen und gut abtropfen lassen.

***Links:** In Griechenland werden zarte grüne Bohnen gerne gekocht, mit Olivenöl und Zitronensaft mariniert und als Salat serviert.*

***Unten:** Portulak wächst wild überall in Griechenland. Die kleinblättrige Pflanze hat ein mildes, erfrischendes, zitronenartiges Aroma.*

Tomaten

Die Tomate ist aus der griechischen Küche nicht mehr wegzudenken, und die Gerichte des Sommers wären überaus arm ohne diese Frucht, denn sie harmoniert wunderbar mit anderen Gemüsesorten. Tomaten werden auf sehr verschiedene Arten zubereitet. Entweder füllt man die ganzen Früchte, oder man verwendet sie für Schmorgerichte, oder man macht daraus, kombiniert mit der einen oder anderen weiteren Zutat, den unvermeidlichen Tomatensalat. Auf der Ägäischen Insel Santorin gibt es sogar Tomatenküchlein.

Zucchini

Griechische Zucchini unterscheiden sich von der bei uns üblichen dunkelgrünen Sorte. Sie haben eine helle, oft weiß gestreifte, dünne Schale und sind manchmal von gedrungener, rundlicher Form. Sie haben einen milden Geschmack und werden gerne frittiert, gekocht, gefüllt oder als Salat serviert.

Frische Bohnen

In Griechenland gibt es mehrere Sorten grüner Bohnen. Zu Beginn des Sommers werden die dünnen, langen *ambellofasoula* gekocht und mit Olivenöl und Zitronensaft als Salat serviert. Dann kommen die *tsaoulia*, die unseren Buschbohnen ähneln. Aber die besten und köstlichsten sind die breiten, flachen *barbounia*. Etwa im August werden die scharlachrot gestreiften Schoten der *handres* reif – ein hübscher Name, er bedeutet Perlen. Sie sind zu vergleichen mit den italienischen Borlotti-Bohnen, bei denen ebenfalls nur die Kerne verwendet und zu Schmorgerichten verarbeitet werden.

Portulak

Diese Pflanze mit den fleischigen Blättern ist weit verbreitet und wächst wild überall in Griechenland. Je mehr man erntet, desto williger treibt sie wieder aus. Sowohl die Blätter als auch die dünneren Stängel verwendet man für Salate. Portulak hat ein mildes Aroma mit einem Hauch von Zitrone und schmeckt erfrischend. Bei der Zubereitung entfernt man die dicken Stängel und hackt die Blätter und dünneren Stängel grob. Servieren Sie den Salat mit einer Sauce aus Olivenöl und Zitronensaft.

Kapern

Kapern wachsen in Griechenland wild. Es sind die unreifen Blütenknospen eines hübschen Busches. Wenn man die Knospen aufblühen lässt, erscheint eine große rosa Blüte, die einer Heckenrose ähnelt. Kapern verzehrt man nicht frisch, sondern legt sie in Salzlake oder trocken in grobes Salz ein. Auf Santorin, wo man besonders stolz auf seine Kapern ist, pflücken die Inselbewohner auch die jungen Blätter des Kapernbusches und servieren sie mit Olivenöl als besondere Vorspeise, *kaparofylla* genannt.

Oregano

Oregano, griechisch *rigani*, ist das Gewürz der griechischen Küche schlechthin. Die kleine Pflanze mit verholzten Stängeln, winzigen Blättern und dem unverkennbaren Duft ist im Mittelmeerraum zu Hause. Sie wächst wild auf Hängen oder brachliegenden Feldern und ist etwa Mitte Juli voller kleiner weißer Blüten. Gegen Ende dieses Monats sammeln die Griechen bündelweise ihren *rigani* und lassen ihn anschließend eine Woche an einem schattigen Platz trocknen. Das Aroma intensiviert sich bei der getrockneten Pflanze, von der man die Blüten und kleineren Blätter abstreift und zerkrümelt und dann in gut schließenden Behältern für die Wintermonate aufbewahrt.

Thymian

Thymari, wie der Thymian in Griechenland heißt, ist eine Polsterstaude mit blauvioletten Blüten. Er ist in Griechenland beheimatet und wächst wild überall auf den Berghängen. Sein Aroma ist köstlich und noch intensiver als das des Oregano – und es verstärkt sich noch bei der getrockneten Pflanze. Wie Oregano wird auch er bündelweise gesammelt, dann getrocknet und für die Wintermonate aufbewahrt. Thymian ist ein unverzichtbares Gewürz bei Braten und Grillgerichten, sei es nun Fleisch oder Fisch, und fast immer scheint er zusammen mit Oregano verwendet zu werden – eine überaus glückliche Verbindung.

Links: *Oregano ist gleichbedeutend mit griechischer Küche. Mit Oregano würzt man eine ganze Reihe unterschiedlicher Gerichte, von Fleischgerichten und Suppen bis hin zu Eintöpfen.*

Oben: *Thymian ist, wie der Oregano, eine unverzichtbare Zutat in der Sommerküche. Man würzt damit gerne Fleisch- und Fischspieße, die man am liebsten im Freien auf dem Grill gart.*

Gegenüber: *Bilder des griechischen Sommers. Im Uhrzeigersinn von links oben: leuchtend gelbe Zucchiniblüten; ein Hähnchen auf dem Grill mit Tomaten und Paprikaschoten; Sommersalat – Portulak mit Feta-Käse, Tomaten und Zwiebeln; sonnengereifte Rispentomaten; grillfertige Garnelen aus dem Mittelmeer.*

Für 4 Personen

3 Zucchini
1 Aubergine
25 g Mehl
Sonnenblumenöl zum Braten
Salz, frisch gemahlener schwarzer Pfeffer

Für das Tzatziki
1 Salatgurke, ca. 15 cm lang
200 g griechischer Joghurt
1–2 Knoblauchzehen, zerdrückt
1 EL kaltgepresstes Olivenöl
2 EL fein geschnittene frische Minzeblätter
Minzeblätter zum Garnieren

Gebratene Zucchini und Auberginen mit Tzatziki

kolokythakia ke melitzanes me tzatziki

Tzatziki ist eine einfache, aber sehr erfrischende Vorspeise, die an glühend heißen Sommertagen besonders willkommen ist. Man kann es zu gegrilltem oder gebratenem Fleisch reichen, aber am besten schmeckt es, finde ich, als Beilage zu gebratenen Zucchini- und Auberginenscheiben. Zusammen mit einem Salat ist dieses Gericht ein wunderbarer Auftakt für ein sommerliches Abendessen oder ein leichtes Mittagsmahl.

◎ Für das Tzatziki die Salatgurke schälen, grob raspeln und in ein Sieb geben. Den größten Teil der Flüssigkeit herausdrücken. Gurke mit dem Joghurt vermischen und Knoblauch, Olivenöl und Minze unterrühren. Mit Salz abschmecken. Zugedeckt kühl stellen.

◎ Zucchini und Aubergine putzen, waschen und abtrocknen. Der Länge nach in dünne Scheiben schneiden und in Mehl wenden, überschüssiges Mehl abklopfen.

◎ Öl in einer großen gusseisernen oder beschichteten Pfanne erhitzen und Zucchinischeiben nebeneinander hineinlegen. Nach und nach Zucchinischeiben, dann die Auberginenscheiben auf beiden Seiten 1–2 Minuten goldgelb braten. Auf Küchenpapier abtropfen lassen.

◎ Die gebratenen Scheiben in eine vorgewärmte Schüssel schichten, mit Salz und Pfeffer würzen und sofort servieren. Das gekühlte Tzatziki mit Minzeblättern garnieren und extra dazu reichen.

Wenn Sie Tzatziki im Voraus zubereiten, erst kurz vor dem Servieren salzen, sonst wird es zu wässrig.

Für 4 Personen

3 große Auberginen (etwa 1 kg)
1 EL grob gehackte Zwiebeln
2 Knoblauchzehen, zerdrückt
Saft von ½ Zitrone (oder etwas mehr)
Salz, frisch gemahlener schwarzer Pfeffer
100 ml kaltgepresstes Olivenöl
1 vollreife Tomate, enthäutet, Kerne entfernt und in kleine Würfel geschnitten
Chicoréeblätter
Fein gehackte glatte Petersilie
Schwarze und grüne Oliven

Auberginencreme

melitzanosalata

Die Auberginencreme ist eine erfrischende Vorspeise an einem heißen Sommertag. Ideal ist es, wenn Sie für dieses Gericht die Auberginen über Holzkohlen grillen, damit sie ihr köstliches rauchiges Aroma entwickeln können. Man serviert diese Paste gerne mit Toast oder Pita-Brot.

◎ Auberginen mit einer Gabel rundum einstechen und auf einem Grillrost bei geringer bis mäßiger Hitze mindestens 1 Stunde garen. Dabei öfter wenden, bis die Früchte weich sind.

◎ Wenn die Auberginen etwas abgekühlt sind, der Länge nach halbieren. Mit einem Löffel Fruchtfleisch herausschaben und in den Mixer geben. Zwiebeln, Knoblauch und Zitronensaft zugeben und pürieren, bis die Mischung homogen ist. Salzen und pfeffern.

◎ Weiter pürieren, dabei das Olivenöl in feinem Strahl zugießen, bis eine Creme entstanden ist. Mischung abschmecken, eventuell nachwürzen. Paste in eine Schüssel geben und die Tomatenwürfel unterrühren. Zugedeckt kühl stellen. Auf Chicoréeblättern anrichten und mit Petersilie garnieren. Mit Oliven servieren.

Für 4 Personen

60 ml kaltgepresstes Olivenöl
2–3 Schalotten, fein gehackt
700 g Tomaten, grob zerkleinert
1 Prise getrockneter Oregano (oder
  1 EL gehackter frischer Thymian)
½ TL Zucker
Salz, frisch gemahlener schwarzer Pfeffer
6 Eier, verquirlt
Frische Kräuter zum Garnieren

Rühreier mit Tomaten

strapatsatha

Obwohl dies im Grunde ein recht gewöhnliches Gericht ist, wird ein Leckerbissen daraus, wenn Sie dafür die süßen, vollreifen Tomaten des Hochsommers verwenden, entweder selbst gepflückt aus dem Garten oder frisch vom Markt. Eierspeisen wie diese findet man in regionalen Abwandlungen fast überall im Mittelmeerraum. Die *strapatsatha* eignet sich als wunderbar leichtes Mittagessen für einen heißen Sommertag. Sie brauchen dazu nur einen Salat und knusprige Toastscheiben oder Baguette.

◎ Olivenöl in einer großen Pfanne erhitzen und die Schalotten unter Rühren glasig dünsten.

◎ Tomaten, Kräuter und den Zucker unterrühren, mit Salz und Pfeffer abschmecken. Bei kleiner Hitze etwa 15 Minuten schmoren, bis die Flüssigkeit fast eingekocht ist und die Sauce dicklich wird.

◎ Die verquirlten Eier in die Pfanne gießen und unter ständigem Rühren mit einem Holzspatel 2–3 Minuten stocken lassen, dabei darauf achten, dass die Eier nicht zu fest werden. Mit frischen Kräutern garnieren und sofort servieren.

Für 4 Personen

3 mittelgroße Auberginen (etwa 800 g)
150 ml kaltgepresstes Olivenöl
2 große Zwiebeln, fein gehackt
3 Knoblauchzehen, fein gehackt
500 g frische Tomaten, nach Belieben enthäutet, gewürfelt
Salz, frisch gemahlener schwarzer Pfeffer
½ TL getrockneter Oregano
½ TL getrockneter Thymian
½ TL Zucker
3 EL gehackte frische Petersilie
1 EL Tomatenmark, in 150 ml heißem Wasser aufgelöst

Auberginen mit Tomatenhäubchen

melitzanes imam bayildi

Imam bayildi **ist eines der bekanntesten Gerichte der griechischen und türkischen Küche. Ich bereite gern eine weniger üppige und schnellere Version dieser Speise zu, indem ich die Auberginen quer in Scheiben schneide und die Füllung aus Tomaten, Kräutern und Olivenöl auf die Scheiben streiche.**

◎ Auberginen quer in etwa ein Zentimeter dicke Scheiben schneiden. In einer großen Grillpfanne die Hälfte des Olivenöls erhitzen und die Scheiben nach und nach auf beiden Seiten hellbraun braten. Nebeneinander in eine ausreichend große feuerfeste Form legen.

◎ Das restliche Öl in einer Kasserolle erhitzen und die Zwiebeln anbraten. Knoblauch zugeben und, wenn der Knoblauch Duft entwickelt, Tomaten und etwas Wasser zufügen. Salzen und pfeffern, Oregano, Thymian und Zucker unterrühren. Zugedeckt 15 Minuten schmoren, dabei gelegentlich umrühren.

◎ Backofen auf 190 °C (Umluft 170 °C, Gas Stufe 5) vorheizen. Petersilie zu der Tomatenmischung geben und unterrühren. Jeweils ein bis zwei Esslöffel der Mischung auf den Auberginenscheiben verteilen. Tomatenmark vorsichtig am Rand der Form zugießen, nicht über die Tomatenschicht! Auberginen 25 Minuten backen, einmal mit der Tomatensauce beträufeln.

◎ Heiß oder lauwarm servieren, entweder zusammen mit einem Salat als Hauptgericht oder auch als Teil der Vorspeisenplatte.

Für 4 Personen

4 große Auberginen (etwa 1,3 kg)
150 ml Sonnenblumenöl
50 g geriebener Parmesankäse oder Gouda
Salz, frisch gemahlener schwarzer Pfeffer

Für die Sauce
50 ml kaltgepresstes Olivenöl
2 Knoblauchzehen, zerdrückt
2 x 400 g Tomaten aus der Dose
1 TL Tomatenmark
½ TL Zucker
½ TL getrockneter Oregano
Salz, frisch gemahlener schwarzer Pfeffer
2–3 EL gehackte glatte Petersilie

Auberginen, mit Tomaten und Käse überbacken

melitzanes sto fourno

Ein köstliches Gericht, besonders im Hochsommer, wenn die Auberginen ihr volles Aroma entwickelt haben.

◎ Auberginen putzen und längs in ein Zentimeter dicke Scheiben schneiden. Öl erhitzen und Auberginenscheiben portionsweise auf beiden Seiten braten. Auf Küchenpapier abtropfen lassen. Auberginenscheiben in zwei Lagen in eine Auflaufform schichten. Salzen und pfeffern.

◎ Für die Sauce Öl in einer großen Pfanne leicht erhitzen, Knoblauch zugeben, ein paar Sekunden andünsten, dann Tomaten, Tomatenmark, Zucker und Oregano unterrühren, nach Belieben salzen und pfeffern. Zugedeckt 25–30 Minuten leicht kochen lassen, bis die Sauce eindickt und cremig wird, dabei gelegentlich umrühren. Petersilie zugeben und 2–3 Minuten mitschmoren.

◎ In der Zwischenzeit Backofen auf 180 °C (Umluft 160 °C, Gas Stufe 4) vorheizen. Tomatensauce auf den Auberginen verteilen, mit Käse bestreuen und 40 Minuten backen.

Für 4 Personen als Hauptgericht
Für 6 Personen als Vorspeise

700 g Okraschoten
150 ml kaltgepresstes Olivenöl
1 große Zwiebel, in Scheiben geschnitten
700 g Tomaten, in Scheiben geschnitten, oder 400 g Tomaten aus der Dose, grob zerkleinert
Salz, frisch gemahlener schwarzer Pfeffer
½ TL Zucker
2 EL fein gehackte glatte Petersilie

Geschmorte Okraschoten mit Tomaten

bamies

***Bamies* zählt zu den besten vegetarischen Gerichten der griechischen Küche. Mit den vollreifen, aromatischen Tomaten des Hochsommers zubereitet, gehört es zu meinen Lieblingsessen, besonders wenn dazu frischer Feta-Käse und knuspriges Brot gereicht werden. Es schmeckt heiß oder lauwarm serviert gleichermaßen gut.**

◎ Okraschoten vorbereiten, wie in der Einleitung zu diesem Kapitel beschrieben (Seite 50).

◎ Öl erhitzen und Zwiebelscheiben hellbraun anbraten. Die frischen Tomaten oder Dosentomaten zugeben und unterrühren, mit Salz, Pfeffer und Zucker würzen. 5 Minuten schmoren.

◎ Okra zugeben, dabei Pfanne leicht schütteln, bis die Schoten gleichmäßig verteilt sind. Die Okra sollten mit der Sauce bedeckt sein, also bei Bedarf etwas heißes Wasser angießen.

◎ Bei schwacher Hitze etwa 30–40 Minuten garen. Pfanne gelegentlich rütteln, aber nicht umrühren. Mit Petersilie bestreuen.

Für 4 Personen

800 g grüne Bohnen, geputzt
150 ml kaltgepresstes Olivenöl
1 große Zwiebel, in dünne Scheiben geschnitten
2 Knoblauchzehen, gehackt
2 kleine Kartoffeln, geschält und in Würfel geschnitten
700 g frische Tomaten oder 400 g Tomaten aus der Dose, zerkleinert
150 ml heißes Wasser
Salz, frisch gemahlener schwarzer Pfeffer
3–4 EL gehackte glatte Petersilie

Frische, grüne Bohnen in Tomatensauce

fasolakia

Dies ist eines der Standardgerichte der griechischen Sommerküche. Es wird mit den verschiedensten Sorten grüner Bohnen zubereitet, welche man gerade zur Hand hat. Wenn die Bohnen jung und zart und die Tomaten aromatisch sind, schmeckt das Gericht besonders gut. Gewöhnlich reicht man dazu Feta-Käse und frisches Weißbrot.

◎ Sehr lange Bohnen in der Mitte durchschneiden. In eine Schüssel mit kaltem Wasser legen.

◎ Olivenöl erhitzen und die Zwiebel glasig dünsten. Knoblauch zufügen, Kartoffelwürfel unterrühren und ein paar Minuten anbraten.

◎ Tomaten und heißes Wasser zugeben und 5 Minuten kochen. Die Bohnen abtropfen lassen, zu den Tomaten in die Pfanne geben und salzen und pfeffern. Zugedeckt 30 Minuten leicht kochen lassen. Gehackte Petersilie unterrühren, wenn nötig, noch etwas heißes Wasser zugießen. Weitere 10 Minuten garen, bis die Bohnen sehr weich sind. Heiß servieren, nach Belieben Scheiben von Feta-Käse dazu reichen.

Für 4 Personen

250 g Tomaten
1 rote Zwiebel, in dünne Scheiben geschnitten
1 grüne Paprikaschote, Samen und Scheidewände entfernt, in dünne Streifen geschnitten
1 Stück Salatgurke, etwa 15 cm lang, geschält und in Scheiben geschnitten
150 g Feta-Käse, in Würfel geschnitten
1 große Hand voll frischer Portulak, dicke Stängel entfernt, gewaschen
8–10 schwarze Oliven
100 ml kaltgepresstes Olivenöl
1 EL Zitronensaft
¼ TL getrockneter Oregano
Salz, frisch gemahlener schwarzer Pfeffer

Bauernsalat mit Feta-Käse und Portulak

horiatiki salata me glystritha

***Horiatiki-Salat* ist das Hauptnahrungsmittel aller Touristen, die Griechenland im Sommer besuchen. Sie kennen ihn unter dem Namen Griechischer Salat und schätzen ihn wegen seiner Zutaten, als da sind: Tomaten, Paprikaschoten, Zwiebeln, Gurken, Feta-Käse und Oliven. Die Einheimischen bevorzugen häufig diese etwas ungewöhnlichere Version mit frischem Portulak, der wild in Gärten oder auf brachliegenden Feldern wächst. Dieser Salat ist eine ideale Beilage zu Fisch oder Fleisch vom Grill oder Tintenfischen. Eine gute Alternative zu Portulak ist Rucola.**

◎ Tomaten vierteln und in eine Salatschüssel geben. Zwiebel, Paprikaschote, Gurke, Feta-Käse, Portulak und Oliven zugeben.

◎ Mit Olivenöl und Zitronensaft beträufeln, Oregano darüber streuen. Mit Salz und Pfeffer würzen und vorsichtig mischen, bis alle Zutaten mit Olivenöl und Zitronensaft überzogen sind. Wenn möglich, den Salat vor dem Servieren bei Zimmertemperatur 10–15 Minuten ziehen lassen, damit sich die Aromen gut verbinden.

Für 4 Personen

4 Steaks vom Kabeljau oder Seehecht
2–3 Stängel glatte Petersilie
Salz, frisch gemahlener schwarzer Pfeffer
4 Scheiben Weißbrot, getoastet, im Mixer zu Bröseln zerkleinert

Für die Sauce
75–90 ml kaltgepresstes Olivenöl
1 Glas Weißwein (175 ml)
2 Knoblauchzehen, zerdrückt
4 EL fein gehackte glatte Petersilie
1 frische rote oder grüne Chili, Samen entfernt, fein gehackt
400 g vollreife Tomaten, enthäutet und fein gewürfelt
Salz, frisch gemahlener schwarzer Pfeffer

Gebackener Fisch aus Spetse

psari a la spetsiota

Die verschiedensten Fische werden auf diese Weise auf der kleinen Insel Spetse im Saronischen Golf zubereitet. Wenn Sie dieses Gericht mit einem grünen Salat oder mit Salzkartoffeln und grünen Bohnen mit Knoblauch servieren, haben Sie eine ideale sommerliche Mahlzeit.

◎ Alle Zutaten für die Sauce in einer Schüssel mischen, mit Salz und Pfeffer würzen. Die Mischung beiseite stellen.

◎ Backofen auf 190 °C (Umluft 170 °C, Gas Stufe 5) vorheizen. Fischsteaks unter fließendem kaltem Wasser abspülen und trockentupfen. Die Scheiben nebeneinander in eine gefettete Auflaufform legen und mit Petersilie bestreuen. Salzen und pfeffern.

◎ Sauce auf den Fischscheiben verteilen, mit der Hälfte der Brotbrösel bestreuen. 10 Minuten backen, dann mit dem sich bildenden Saft beträufeln. Die restlichen Brotbrösel auf die Fischsteaks streuen, weitere 10–15 Minuten backen.

Für 4 Personen

75 ml kaltgepresstes Olivenöl
1 Zwiebel, gehackt
½ rote Paprikaschote, Samen und Scheidewände entfernt, gewürfelt
700 g vollreife Tomaten, enthäutet und grob gehackt
1 kräftige Prise Zucker
½ TL getrockneter Oregano
Salz, frisch gemahlener schwarzer Pfeffer
450 g große Garnelen (King Prawns), geschält und, falls Sie gefrorene Krustentiere verwenden, aufgetaut (Schwanzflossen nicht entfernen!)
2 EL fein gehackte glatte Petersilie
75 g Feta-Käse, gewürfelt

Garnelen mit Tomaten und Feta

garithes yiouvetsi

Der Name dieses Gerichts stammt von dem Kochgefäß, in dem es zubereitet wird. Ein *yiouvetsi* ist eine kleine runde Backform aus dunkelrotem Ton. Dieses Garnelengericht weckt Erinnerungen an sonnige Mittagessen am Meer. Servieren Sie es als Vorspeise mit viel Weißbrot, um die köstliche Sauce aufzutunken, dann reicht es für sechs Personen; geben Sie Reis als Beilage dazu, dann ergibt es ein Hauptgericht für vier Personen.

◎ Öl erhitzen und Zwiebel glasig dünsten. Die gewürfelte rote Paprika zugeben und unter gelegentlichem Rühren 2–3 Minuten dünsten.

◎ Die zerkleinerten Tomaten, Zucker und Oregano zugeben und nach Geschmack salzen und pfeffern. Bei schwacher Hitze etwa 15 Minuten kochen lassen, dabei gelegentlich umrühren, bis die Sauce etwas einkocht und dicklich wird.

◎ Backofen auf 180 °C (Umluft 160 °C, Gas Stufe 4) vorheizen. Garnelen und Petersilie zu den Tomaten in die Pfanne geben und unterrühren. Alles in eine Auflaufform geben und gleichmäßig verteilen. Mit den Feta-Würfeln bestreuen und 30 Minuten backen.

Für 4 Personen

2 rote Zwiebeln, geviertelt
2 rote oder grüne Paprikaschoten, Samen und Scheidewände entfernt, geviertelt
700–800 g Schwertfisch, in ca. 20–24 Würfel geschnitten
75 ml kaltgepresstes Olivenöl
1 Knoblauchzehe, zerdrückt
1 kräftige Prise getrockneter Oregano
Salz, frisch gemahlener schwarzer Pfeffer

Schwertfischspieße vom Grill

xifias souvlaki

Wenn im Haupthafen von Alonnisos oder im kleinen Fischerdorf Steni Vala ein Schwertfisch von einem Fischerboot abgeladen wird, dann ist das stets ein aufregendes Ereignis. Was die Schaulustigen aber noch mehr begeistert, ist die Aussicht, dass auf dem kleinen Fischmarkt um die Ecke in Kürze Schwertfisch verkauft wird und dass am Abend in den Restaurants *souvlaki* auf der Speisekarte steht.

***Souvlaki* sind Würfel von Fleisch oder Fisch, die auf lange Metallspieße aufgesteckt werden, oft abwechselnd mit Zwiebeln und Stückchen von Paprikaschoten. Das Wort stammt von *souvla*, dem langen Bratspieß, auf dem ganze Lämmer oder Ziegen über dem offenen Feuer gebraten werden. Sowohl Fleisch- als auch Fischsouvlaki schmecken am besten, wenn sie über einer Holzkohlenglut gegrillt werden und ein rauchiges Aroma annehmen.**

◎ Die Zwiebelviertel vorsichtig zerteilen, so dass jedes Stück aus etwa zwei bis drei Schichten besteht. Die Paprikaviertel quer halbieren.

◎ Fischspieße vorbereiten. Dazu jeweils fünf bis sechs Fischwürfel abwechselnd mit Paprika- und Zwiebelstücken auf vier lange Metallspieße stecken. Die Spieße auf einen Grillrost oder in eine Grillschale legen und beiseite stellen. Inzwischen die Marinade vorbereiten.

◎ Olivenöl, Knoblauch und Oregano in einer kleinen Schüssel verrühren. Salz und Pfeffer zugeben und unterrühren. Mit einem Pinsel die *souvlaki* von allen Seiten großzügig mit der Marinade bestreichen.

◎ Den Elektrogrill auf höchste Hitzestufe schalten und vorheizen oder den Holzkohlengrill anheizen. Beim Grillen der Spieße darauf achten, dass die Spieße nicht zu nahe über der Glut sind. 8–10 Minuten grillen, dabei Spieße mehrmals drehen, bis die Fischwürfel gar sind und Paprika und Zwiebeln an den Rändern leicht verbrannt aussehen. Bei jedem Drehen die Spieße mit der Marinade bepinseln.

◎ Die *souvlaki* sofort servieren. Dazu z. B. einen Salat aus Gurken, Zwiebeln und Oliven reichen.

Ihr Fischhändler schneidet bestimmt gerne den Fisch für Sie in Würfel. Falls Sie den Fisch selbst schneiden wollen, sollten die Würfel ziemlich groß sein – etwa fünf Zentimeter Kantenlänge.

Für 4 Personen

4 mittelgroße Kalmare (etwa 1 kg)
4–8 Stücke Feta-Käse, fingerlang geschnitten
90 ml Olivenöl
2 Knoblauchzehen, zerdrückt
Blättchen von 3–4 Stängeln Majoran, gehackt
Salz, frisch gemahlener schwarzer Pfeffer
Zitronenspalten zum Garnieren

Gegrillte und mit Feta-Käse gefüllte Kalmare

kalamarakia sharas me feta

Jeden Sommer, wenn wir wieder die Insel Alonnisos besuchen, ist unser erstes Ziel der »Olivenhain«, das Restaurant von Magda Anagnostou am Strand von Lefto Yialo. Eines unserer Lieblingsgerichte dort sind ihre gegrillten, mit Feta-Käse gefüllten Kalmare. Die Kalmare sind übrigens immer fangfrisch. Ein großer frischer grüner Salat oder ein Gemüsegericht, beispielsweise grüne Bohnen in Tomatensauce oder geschmorte Okra mit Tomaten, ist die ideale Beilage für die Tintenfische.

◎ Kalmare vorbereiten, dabei vorgehen wie in der Einleitung zum Winterkapitel beschrieben (Seite 129). Darauf achten, dass die Fischkörper im Ganzen bleiben. Unter fließendem kaltem Wasser innen und außen gründlich spülen und trockentupfen. Die Fischkörper und Tentakel nebeneinander in eine große flache Form legen. Die Käsestücke zwischen die Kalmare schieben.

◎ Für die Marinade Olivenöl, Knoblauch und Majoran in einer kleinen Schüssel verrühren, mit Salz und Pfeffer würzen. Die Marinade über die Fische und Käsestücke gießen, mit Folie abdecken und an einem kühlen Ort 2–3 Stunden ziehen lassen, dabei Fische und Käsestücke einmal wenden.

◎ Jeweils einen Tintenfisch mit ein bis zwei Käsestücken und etwas Majoran aus der Marinade füllen und in eine leicht geölte Grillschale oder auf einen Grillrost legen. Die Tentakel auf Holzspieße stecken.

◎ Elektrogrill auf niedrige Hitzestufe schalten und vorheizen oder Holzkohlengrill anheizen. Kalmare bei mäßiger Hitze etwa 6 Minuten grillen, dann vorsichtig wenden und weitere 1–2 Minuten grillen. Spieße mit den Tentakeln auf den Grill legen und auf jeder Seite 2 Minuten grillen. Gefüllte Kalmare und Tentakel mit Zitronenspalten servieren.

Für 4 Personen

1 großes Brathuhn (etwa 1,6 kg, wenn möglich aus natürlicher Aufzucht)
100 ml kaltgepresstes Olivenöl
1 TL getrockneter Oregano
400 g Tomaten aus der Dose, grob zerkleinert
2 Knoblauchzehen, gehackt
450 ml heißes Wasser
600 g Okraschoten
Salz, frisch gemahlener schwarzer Pfeffer
3 EL gehackte glatte Petersilie

Huhn mit Okraschoten

kotopoulo me bamies fournou

Als mein Mann, der aus England stammt, Anfang der 70er-Jahre dieses Gericht in meinem Elternhaus in Athen kennen lernte, war er so begeistert davon, dass meine Mutter es ihm fortan jedes Mal vorsetzte, wenn wir sie besuchten. Okra sind in Mittel- und Westeuropa ziemlich unbekannt, aber die Griechen lieben dieses Gemüse im Sommer. Man kann es als eigenständige Mahlzeit zubereiten oder mit Lammfleisch oder Rindfleisch kombinieren.

◎ Backofen auf 200 °C (Umluft 180 °C, Gas Stufe 6) vorheizen. Das Huhn mit der Brustseite nach unten in einen Bräter legen. Mit der Hälfte des Olivenöls beträufeln und einen halben Teelöffel Oregano darüber streuen. Tomaten, Knoblauch und 300 Milliliter heißes Wasser zugeben. Im Backofen 30 Minuten garen.

◎ In der Zwischenzeit Okra vorbereiten. Die Schoten im Ganzen lassen und mit einem kleinen scharfen Messer die Stielansätze konisch zuschneiden. Fruchtfleisch nicht verletzen, da sonst der Saft austritt, der die Bratflüssigkeit andicken würde. (Wie man Okra vorbereitet, wird in der Einleitung zu diesem Kapitel auf Seite 50 ausführlich beschrieben.) Die Okra unter fließendem kaltem Wasser gründlich abspülen und abtropfen lassen. Diesen Vorgang so oft wiederholen, bis das Wasser klar bleibt.

◎ Nach 30 Minuten Bräter aus dem Ofen nehmen und das Huhn wenden. Okra gleichmäßig um das Huhn verteilen. Mit dem restlichen Öl beträufeln und mit dem restlichen Oregano bestreuen. Salzen und pfeffern und die Petersilie und das restliche heiße Wasser zugeben. Die Okra mit einem Holzspatel wenden, bis alle Schoten mit der Tomatensauce überzogen sind.

◎ Backofen auf 190 °C (Umluft 170 °C, Gas Stufe 5) zurückschalten und das Huhn eine weitere Stunde garen. Dabei gelegentlich das Huhn und die Okra mit der Schmorflüssigkeit begießen.

◎ Am besten schmeckt das Huhn heiß aus dem Ofen, aber man kann es auch etwas abkühlen lassen. Zusammen mit einem Salat und reichlich frischem Weißbrot ergibt es ein ideales Hauptgericht.

Wenn Sie ein größeres Brathuhn oder größere Okraschoten verwenden, müssen Sie unter Umständen die Garzeit verlängern. Das Huhn ist durchgebraten, wenn sich die Gelenke frei bewegen lassen und wenn kein rosa Fleischsaft mehr austritt, nachdem Sie die dickste Stelle der Keule mit einem Messer angestochen haben.

Für 4–6 Personen

2 Brathähnchen (etwa 2,5 kg), in ca. 12 Teile zerlegt
2–3 rote oder grüne Paprikaschoten, Samen entfernt, geviertelt
4–5 Tomaten, quer halbiert
Zitronenspalten zum Garnieren

Für die Marinade
100 ml kaltgepresstes Olivenöl
Saft von 1 großen Zitrone
1 TL französischer Senf
4 Knoblauchzehen, zerdrückt
2 frische Chilischoten, Samen entfernt, fein gehackt
1 TL getrockneter Oregano
Salz, frisch gemahlener schwarzer Pfeffer

Gegrilltes Hähnchen mit Knoblauch und Paprikaschoten

kotopoulo sti shara me piperies

Wird das an sich recht milde Hähnchenfleisch in eine pfiffige Marinade eingelegt, ist es nicht wieder zu erkennen. Wir bereiten dieses simple, aber überaus wohlschmeckende Gericht gerne an einem Sommerabend zu, weil es viel angenehmer ist, unter dem Sternenhimmel zu grillen, als in einer heißen Küche zu stehen. Wir legen die Hähnchen am Morgen, ehe wir an den Strand gehen, in eine Marinade und stellen sie in den Kühlschrank. Am Abend, während die Hähnchen auf dem Grill liegen, brauchen wir nur noch eine große Schüssel Salat und Tzatziki zu machen.

◎ Mit einem kleinen scharfen Messer in den fleischigen Teil jedes Hähnchenstücks zwei bis drei Einschnitte machen. Die Marinade kann so leichter in das Fleisch eindringen, außerdem wird das Hähnchen auf diese Weise gleichmäßiger gar.

◎ In einer großen Schüssel alle Zutaten für die Marinade verrühren. Das Fleisch hineinlegen und wenden, so dass die Hähnchenteile von allen Seiten mit der Marinade überzogen sind. Die Schüssel mit Folie abdecken und 4–8 Stunden in den Kühlschrank stellen. Wenn möglich, die Hähnchenteile dabei öfter wenden.

◎ Den Holzkohlengrill anheizen. Wenn genügend Glut vorhanden ist, die Hähnchenteile aus der Marinade nehmen und auf den Grillrost legen. Die Paprikastücke und Tomatenhälften in die Marinade geben und mindestens 15 Minuten ziehen lassen. Die Hähnchenteile 20–25 Minuten grillen. Darauf achten, dass die Glut nicht zu heiß ist.

◎ Hähnchenteile wenden und weitere 20–25 Minuten grillen. Inzwischen die Paprikastücke auf zwei lange Metallspieße stecken und zusammen mit den Tomatenhälften die letzten 15 Minuten auf dem Rost mitgaren. Dabei mindestens einmal wenden und darauf achten, dass nichts verbrennt. Mit Zitronenspalten servieren.

Sie können die Hähnchenteile natürlich auch zu Hause im Elektrogrill zubereiten. Stellen Sie eine ziemlich hohe Hitzestufe ein, aber achten Sie darauf, dass die Hähnchenteile genügend Abstand zu den Heizstäben haben. Wahrscheinlich ist die Garzeit im Elektrogrill viel niedriger, als wenn das Fleisch über einer Holzkohlenglut zubereitet wird – rechnen Sie mit 15 Minuten je Seite.

Für 4 Personen

700 g Kalbsschnitzel, dünn geschnitten
Salz, frisch gemahlener schwarzer Pfeffer
40 g Mehl
100 ml kaltgepresstes Olivenöl
1 kleine Zwiebel, in dünne Scheiben geschnitten
3 Knoblauchzehen, fein gehackt
2–3 frische Salbeiblätter, fein gehackt
1 Glas Weißwein (175 ml)
Saft von ½ Zitrone
500 ml Fleischbrühe oder Hühnerbrühe
2 EL fein gehackte glatte Petersilie

Kalbsschnitzel aus Korfu

sofrito

Dieses Gericht serviert man auf der Insel Korfu gerne Gästen zum Abendessen. Es ist ein Erbe der venezianischen Besatzung der Insel, das im restlichen Griechenland bis vor kurzem noch nahezu unbekannt war. Erst ein Kochwettbewerb im griechischen Fernsehen machte *sofrito* in allen Landesteilen bekannt. Servieren Sie die Kalbsschnitzel mit Kartoffelpüree oder gekochten neuen Kartoffeln und Salat.

◎ Kalbsschnitzel leicht salzen und pfeffern und in Mehl wenden, überschüssiges Mehl abklopfen. Olivenöl erhitzen und die Schnitzel bei mäßiger Hitze von jeder Seite anbraten. Schnitzel aus der Pfanne nehmen und in einen feuerfesten Schmortopf legen.

◎ Zwiebelscheiben zum restlichen Öl in die Pfanne geben und glasig dünsten. Gehackten Knoblauch und Salbei zugeben und ebenfalls andünsten. Sobald der Knoblauch Duft entwickelt, mit Wein und Zitronensaft ablöschen. Hitze erhöhen und Flüssigkeit etwas einkochen lassen. Dabei unter ständigem Rühren alle Röststoffe in der Pfanne lösen.

◎ Schmorfond aus der Pfanne über das Fleisch geben. Mit der Fleischbrühe angießen, mit Salz und Pfeffer abschmecken. Fein gehackte Petersilie zugeben.

◎ Aufkochen lassen, dann die Hitze reduzieren und zugedeckt 45–50 Minuten leicht kochen lassen, bis das Fleisch gar ist und die Sauce eine samtige Konsistenz angenommen hat. Sofort servieren.

Für dieses Gericht brauchen Sie dünne Schnitzel, aus der Keule geschnitten. Sollten sie zu dick sein, müssen Sie die Scheiben zwischen Klarsichtfolie mit dem Fleischklopfer noch etwas flach klopfen.

Für 6 Personen

1 Lammschulter, das meiste Fett entfernt, in Portionsstücke zerteilt
600 g Tomaten, enthäutet und gewürfelt, oder 400 g Tomaten aus der Dose, grob zerkleinert
4–5 Knoblauchzehen, gehackt
75 ml kaltgepresstes Olivenöl
1 TL getrockneter Oregano
Salz, frisch gemahlener schwarzer Pfeffer
1 l heißes Wasser
400 g *kritharaki* (reiskornförmige Nudeln) oder Spaghetti, in mundgerechte Stücke gebrochen
50 g frisch geriebener *Kefalotyri*-Käse oder Parmesankäse zum Servieren

Lamm mit Tomaten, Knoblauch und Nudeln

arnaki yiouvetsi

Ein Lamm-*Yiouvetsi* ist in Griechenland eine nicht alltägliche Mahlzeit. Es gehört zu den beliebtesten Gerichten überhaupt und wird gerne am 15. August, wenn die lange Fastenzeit zu Ende ist, als festliches Mittagessen gereicht. Dieser Feiertag, Mariä Himmelfahrt, hat in der griechisch-orthodoxen Kirche eine große Bedeutung. Gleichzeitig feiern an diesem Tag alle, die Maria, Despoina, Panagiota oder Panagiotis heißen – in Griechenland überaus beliebte und häufige Vornamen –, ihren Namenstag. Nachdem es in jeder Familie mindestens ein Mitglied gibt, das nach der Jungfrau Maria benannt ist, kann man sich leicht vorstellen, in welch großem Rahmen dieser Tag gefeiert wird.

◎ Backofen auf 190 °C (Umluft 170 °C, Gas Stufe 5) vorheizen. Fleischstücke unter fließendem kaltem Wasser kurz abbrausen, um eventuelle Knochensplitter zu entfernen, und in einen großen feuerfesten Schmortopf legen.

◎ Die frischen Tomaten oder Tomaten aus der Dose zwischen die Fleischstücke legen und Knoblauch, Olivenöl und Oregano zugeben. Mit Salz und Pfeffer würzen und 300 Milliliter heißes Wasser angießen.

◎ Fleisch in den Backofen schieben und etwa 70 Minuten offen garen, dabei Fleischstücke mehrmals wenden und mit der Schmorflüssigkeit beträufeln.

◎ Hitze auf 180 °C (Umluft 160 °C, Gas Stufe 4) reduzieren. Schmortopf aus dem Ofen nehmen und die restlichen 700 Milliliter heißes Wasser dazugießen. Die Nudeln unterrühren und nachwürzen. Alles gut miteinander vermischen und Schmortopf zurück in den Backofen schieben. Weitere 30–40 Minuten garen, dabei gelegentlich umrühren, bis das Fleisch durch ist und die Nudeln weich sind.

◎ Sofort servieren. Den geriebenen Käse extra in einer kleinen Schüssel reichen.

Da *yiouvetsi* eine ziemlich üppige und schwere Speise ist, sollten Sie unbedingt einen frischen Salat als Gegengewicht dazu reichen. Nach Möglichkeit sollten Sie für *yiouvetsi* vollreife Strauchtomaten verwenden. Sie werden den Unterschied schmecken. Man kann dieses Gericht im Übrigen auch mit vorher gekochtem Rind- oder Ziegenfleisch zubereiten.

Für 4 Personen

1 kleine Lammschulter ohne Knochen, das meiste Fett entfernt
2–3 Zwiebeln, möglichst rote, geviertelt
2 rote oder grüne Paprikaschoten, Samen entfernt, geviertelt
75 ml kaltgepresstes Olivenöl
Saft von 1 Zitrone
2 Knoblauchzehen, zerdrückt
1 TL getrockneter Oregano
½ TL getrockneter Thymian oder ein paar Zweige frischer Thymian, gehackt
Salz, frisch gemahlener schwarzer Pfeffer

Gegrillte Lammfleischspieße

arni souvlakia

Im Athen meiner Kindheit waren diese *souvlaki* der Imbiss im Straßenverkauf schlechthin. Und wenn wir an einem lauen Sommerabend zu der Imbissbude an der Ecke gehen und uns ein paar *souvlaki* kaufen durften, freuten wir uns riesig. Wir aßen diese Fleischspießchen gleich an Ort und Stelle aus der Hand, eingehüllt in die betörende Duftwolke gegrillten Lammfleisches, die aus der Bude auf die Straße drang. *Souvlaki* serviert man am besten mit Tzatziki, Rucolasalat und geröstetem Brot.

◎ Bitten Sie Ihren Metzger, das Fleisch für Sie in Würfel mit einer Kantenlänge von vier Zentimeter zu schneiden. Nicht alles Fett entfernen, damit das Fleisch beim Grillen zart und saftig bleibt. Die Zwiebelviertel zerteilen, so dass jedes Stück aus zwei oder drei Schichten besteht. Die Paprikaviertel quer halbieren.

◎ Öl, Zitronensaft, Knoblauch und Kräuter in einer großen Schüssel verrühren. Mit Salz und Pfeffer würzen. Alles gut miteinander vermischen. Fleischwürfel zugeben und darin wenden.

◎ Fleischwürfel zugedeckt 4–8 Stunden im Kühlschrank marinieren, dabei mehrmals wenden.

◎ Fleischwürfel aus der Marinade nehmen und abtropfen lassen. Marinade aufheben. Fleischwürfel abwechselnd mit Paprika- und Zwiebelstücken auf lange Metallspieße stecken. In eine Grillschale oder auf einen Rost legen und mit Marinade bepinseln.

◎ Elektrogrill vorheizen oder Holzkohlengrill anheizen. Die *souvlaki* bei mittlerer bis starker Hitze oder über der Glut 10 Minuten grillen, bis die Stücke an den Rändern leicht verbrannt aussehen. Die Spieße wenden, erneut mit Marinade (oder Olivenöl) bepinseln und weitere 10–15 Minuten grillen. Sofort servieren.

Wenn Sie *souvlaki* auf dem Holzkohlengrill zubereiten, verlängert sich die Garzeit etwas, je nachdem, wie heiß die Glut ist. Sie können statt der Lammschulter auch vier bis fünf Lammfilets nehmen.

Für 4 Personen

60 ml kaltgepresstes Olivenöl
1 kg hochwertiges Rindfleisch zum Schmoren, in vier dicke Scheiben geschnitten
1 Zwiebel, gehackt
½ TL getrockneter Oregano
2 Knoblauchzehen, gehackt
1 Glas Weißwein (etwa 175 ml)
400 g Tomaten aus der Dose, zerkleinert
2–3 Auberginen (etwa 700 g)
150 ml Sonnenblumenöl
Salz, frisch gemahlener schwarzer Pfeffer
3 EL fein gehackte Petersilie

Rindfleisch mit Auberginen

melitzanes me kreas

Dieses Gericht ist spielend leicht zuzubereiten, dabei aber keineswegs alltäglich und somit ideal, wenn Sie Gäste bewirten wollen. Verwenden Sie gutes Rindfleisch, und schmoren Sie es langsam, dann wird es butterweich und aromatisch.

◎ Olivenöl in einem Schmortopf erhitzen und die Fleischscheiben von beiden Seiten gut anbraten. Aus dem Topf nehmen und auf einem Teller beiseite stellen.

◎ Die gehackte Zwiebel glasig dünsten. Oregano und Knoblauch zugeben. Sobald der Knoblauch Duft entwickelt, Fleischscheiben zurück in den Schmortopf geben und mit dem Wein ablöschen. Flüssigkeit einkochen lassen, dann die Tomaten zugeben. So viel heißes Wasser angießen, dass alles knapp mit Flüssigkeit bedeckt ist. Zum Kochen bringen, dann Hitze reduzieren und im geschlossenen Topf etwa 1 Stunde schmoren, bis das Fleisch weich ist.

◎ Inzwischen die Auberginen in zwei Zentimeter dicke Scheiben schneiden, jede Scheibe halbieren. Das Sonnenblumenöl in einer Pfanne erhitzen und die Auberginenstücke portionsweise kurz auf beiden Seiten braten. Die Auberginen sollen nicht gar und braun werden! Aus der Pfanne nehmen und auf Küchenpapier abtropfen lassen, salzen und pfeffern.

◎ Sobald das Fleisch weich wird, salzen und pfeffern. Auberginen zugeben, dabei Topf leicht schütteln, damit sie sich gleichmäßig verteilen. Von nun an nicht mehr rühren, da die Auberginen sonst zerfallen. Etwas heißes Wasser angießen, bis die Auberginen mit Flüssigkeit bedeckt sind. Zugedeckt 30 Minuten schmoren, bis das Fleisch sehr weich ist und alle Aromen sich verbunden haben. Petersilie darüber streuen und ein paar Minuten mitschmoren. Mit geröstetem Pita-Brot servieren.

Für 10–12 Personen

Für den Teig
150 g Butter
100 g Zucker
4 Eier, getrennt
60 ml Weinbrand
½ TL gemahlener Zimt
300 g Walnüsse, geschält
150 g Mehl
1 gestrichener TL Backpulver
Salz

Für den Sirup
250 g Zucker
2 EL Weinbrand
2–3 Orangenzesten
2 Zimtstangen

Walnusskuchen

karythopitta

Dieser üppige, saftige Kuchen gehört zu den besten Desserts der griechischen Küche. Seine zart schmelzende Konsistenz in Verbindung mit dem süßen Nussaroma macht ihn unwiderstehlich. Auf den Inseln bäckt man diesen Kuchen, wenn ein Namenstag in der Familie ansteht und die Gratulanten am Abend kommen. Er eignet sich auch wunderbar für eine Einladung und schmeckt sogar noch besser, wenn er einen Tag durchziehen konnte.

◎ Backofen auf 190 °C (Umluft 170 °C, Gas Stufe 5) vorheizen. Eine rechteckige Backform (35 x 23 Zentimeter), die mindestens fünf Zentimeter hoch sein sollte, einfetten. Butter in einer großen Schüssel cremig rühren, dann Zucker zugeben und schaumig rühren.

◎ Nacheinander die Eigelbe zugeben, dabei ständig weiterrühren. Weinbrand und Zimtpulver unterrühren. Walnüsse grob hacken und zu der Mischung geben. Mit einem Holzlöffel unterrühren. Kein elektrisches Rührgerät verwenden!

◎ Mehl mit dem Backpulver sieben und beiseite stellen. Eiweiße mit einer Prise Salz zu steifem Schnee schlagen. Eischnee unter die Nussmischung ziehen, dazwischen esslöffelweise das Mehl unterheben.

◎ Teigmischung in die gefettete Backform füllen und Oberfläche glatt streichen. 40 Minuten backen, bis die Oberfläche eine goldgelbe Farbe angenommen hat. Kuchen aus dem Ofen nehmen und in der Form ruhen lassen. Inzwischen den Sirup zubereiten.

◎ In einem Topf Zucker und 300 Milliliter heißes Wasser verrühren. Bei geringer Hitze rühren, bis sich der Zucker vollständig aufgelöst hat. Zum Kochen bringen, Hitze reduzieren und Weinbrand, Orangenzesten und Zimtstangen zugeben. 10 Minuten köcheln lassen.

◎ Den Walnusskuchen, solange er noch heiß ist, mit einem langen Messer in etwa sechs Zentimeter große Rauten oder Quadrate schneiden und den Sirup vorsichtig durch ein Sieb darüber gießen. 10–20 Minuten ziehen lassen, bis alle Flüssigkeit aufgesogen und der Kuchen völlig mit Sirup getränkt ist.

Der Kuchen bleibt zwei bis drei Tage saftig, wenn man ihn mit Klarsichtfolie abdeckt. Er braucht nicht im Kühlschrank aufbewahrt zu werden, außer an sehr heißen Tagen. Traditionell serviert man ihn mit einer Tasse Kaffee oder einem Gläschen Weinbrand.

Herbst

Köstliche Pinienkerne, goldene Quitten und frische grüne Oliven

Wenn der August sich seinem Ende nähert und die gleißende Sonne allmählich an Kraft verliert, ist das erste Zeichen des bevorstehenden Herbstes die jähe, fast unheimliche Stille in den Olivenhainen (und selbst in unserem kleinen Garten) – die Zikaden haben zu singen aufgehört. Nach der Zeit des Überschwangs folgt nun die milde Abgeklärtheit des Herbstes. Wenn die Tage kürzer werden, kocht man nicht mehr im Freien, sondern kehrt in die Küche zurück, und der Grill wird bis zum nächsten Frühjahr weggepackt.

Aber das heißt nicht, dass es nun langweilig wird in der griechischen Küche, denn im September ist Hochsaison für den Thunfisch. Jeden Tag werden mehr von diesen silbrig glänzenden Fischen von Bord der Fischerboote geladen. Der Thunfisch schmeckt in dieser Zeit am besten – und ist am billigsten. Bald kommt in jeder griechischen Familie Thunfisch auf den Tisch, vorzugsweise im Ofen gegart – mit Kartoffeln, Tomaten und Knoblauch.

Die ersten grünen Oliven werden Anfang Herbst gepflückt. Man schlägt die Früchte gleich nach der Ernte auf und legt sie ein, denn die Griechen lieben den herb-frischen Geschmack grüner Oliven. Eine besondere Vorliebe haben sie auch für Granatäpfel und lassen sich deshalb selbst von den spitzen Dornen des Baumes nicht davon abhalten, die saftigen, scharlachroten Früchte zu pflücken.

Im September bereitet man in der Küche *spetzofai* zu, in das spitze grüne Paprikaschoten und Knoblauchwürstchen gehören. Diese Spezialität stammt aus dem Pilion, einem Gebirge an der griechischen Ostküste. Paprikaschoten sind auch unerlässlich für *briami*, ein Gemüsegericht aus dem Ofen, mit Zucchini, Kartoffeln, Knoblauch und Tomaten.

Gegenüber: *Herbstliche Zutaten der griechischen Küche. Im Uhrzeigersinn von oben links: pfeffriger Rucola, spitze Paprikaschoten, Huhn im Topf für die* avgolemono, *frische Würste,* gigantes *(weiße Trockenbohnen), mit Zwiebeln, Tomaten und Petersilie geschmort.*

Rechts: *Ein kleines Motorrad, hoch beladen mit Bündeln frischer Petersilie, die für den Markt in Chania auf der Insel Kreta bestimmt ist.*

Ende September kommen die ersten *gigantes* auf den Markt – die großen weißen Trockenbohnen, die in so vielen Wintergerichten eine Rolle spielen. An den Abenden wird es jetzt schon etwas kühl, man zieht sich ins Haus zurück und gönnt dem Magen eine wohltuende Suppe. Im Herbst ist Hühnersuppe sehr beliebt, und an den Freitagen wird oft Linsensuppe aufgetischt.

Ende Oktober beginnt die Olivenernte, und die Hänge hallen wider vom Geplauder und Gelächter der Erntehelfer. Ungefähr zur gleichen Zeit – nach den ersten ergiebigen Regenfällen – sammelt man auf den Hängen und Wiesen Wildgemüse und Kräuter. Die Griechen schätzen alle möglichen Sorten *horta* (wörtlich übersetzt: Grünzeug) und bereiten die wild wachsenden Pflanzen auf alle möglichen Arten zu. Besonders gerne genießt man sie kurz gekocht und mit fruchtigem grünen Olivenöl und Zitronensaft mariniert. Gezüchtete Grüngemüsesorten werden auf die gleiche Weise zubereitet.

Der Spätherbst hält dann noch einen goldenen Lichtblick bereit, auf den man sich freuen kann. Die Quittenbäume haben ihr Laub bereits abgeworfen, aber an ihren Zweigen hängen riesige, goldgelbe Früchte. Als ich noch ein Kind war, aßen wir die Quitten roh. Meine Großmutter raspelte das Fruchtfleisch und bestreute es mit Zucker und Zimt – für uns ein Leckerbissen, der nur noch übertroffen wurde von der Quittenpaste, *pastokythono*, die fliegende Händler im Herbst in den Straßen von Athen verkauften. Quitten haben ein wunderbares Aroma und einen unvergleichlichen Duft, und sie schmecken einfach köstlich, wenn man sie, beispielsweise für ein sonntägliches Mittagessen, zusammen mit Lamm- oder Rindfleisch im Ofen schmort. Oder man legt sie in Zuckersirup ein, jene griechische Löffelsüßigkeit, mit der man dann immer etwas Süßes zur Hand hat, das einem über die trüben Wintermonate hinweghilft.

Obwohl Athen, wie jede Großstadt, das ganze Jahr über Produkte aus allen Erdteilen bereithält, findet man doch immer wieder Stände mit den kulinarischen Schätzen des Herbstes.

Zitronen

Die Griechen lieben das Aroma von Zitronen – eine griechische Küche, in der keine Schale mit Zitronen steht, ist undenkbar –, und natürlich pflanzt man, wo immer es möglich ist, im Garten einen Zitronenbaum. Mit Zitronensaft beträufelt man fast alle Gerichte, aber am meisten verwendet man ihn zusammen mit Olivenöl als Salatsauce oder, mit verschlagenen Eiern verrührt, als Basis für die *avgolemono*, die klassische Ei-Zitronen-Sauce.

Quitten

Quittenbäume sehen im Frühling mit ihren großen rosa Blüten hübsch aus, aber im Herbst, wenn nur noch die goldenen Früchte an den kahlen Zweigen hängen, bieten sie einen besonders reizvollen Anblick. Quitten erinnern im Aussehen an längliche Äpfel und können so groß wie Melonen werden. Ihre Schale ist so hart, dass es manchmal schwierig ist, sie aufzuschneiden. Die braunen Kerne sind eingebettet in goldenes Fruchtfleisch. Es färbt sich beim Kochen leicht rosa.

Links: *Die goldgelben, duftenden Quitten verwendet man in der griechischen Küche gleichermaßen für pikante und süße Gerichte.*

Oben: *Die Griechen lieben Zitronen, und mit dem Saft aromatisiert man eine Reihe der verschiedensten Gerichte, vom Salat bis hin zu Saucen.*

Avgolemono

Diese Ei-Zitronen-Sauce ist ein Basisgericht der griechischen Küche. In den jeweiligen Rezepten wird zwar beschrieben, wie man die *avgolemono* zubereitet, doch finden Sie hier ein Grundrezept für vier Personen.

- Zwei große Eier verquirlen, den Saft von ein bis zwei Zitronen und einen Teelöffel Speisestärke, in etwas kaltem Wasser glatt gerührt, zugeben. Mit dem Schneebesen schlagen, bis die Masse cremig wird.
- Eine Schöpfkelle der heißen Suppe (oder Brühe oder Sauce) dazugießen und 1 Minute weiterschlagen.

- Unter ständigem Schlagen eine zweite Schöpfkelle der heißen Flüssigkeit zugießen, dann nach und nach den Inhalt der Schüssel unter ständigem kräftigem Rühren in die Suppe, Brühe oder Sauce gießen.
- Bei schwacher Hitze die Mischung auf der Herdplatte nicht länger als 1 oder 2 Minuten erwärmen, da die Sauce sonst gerinnt, obwohl sie durch die Speisestärke recht stabil ist. Vor dem Servieren noch mit Salz abschmecken.

Glatte Petersilie

Petersilie wurde bereits im antiken Griechenland und Rom reichlich verwendet, obwohl man damals meistens Kränze für die Athleten daraus flocht, statt mit ihr Speisen zu würzen. Kräuter wie Oregano und Thymian mögen zwar auf den ersten Blick den Charakter der griechischen Küche bestimmen, doch ist tatsächlich die Petersilie das am meisten verwendete Küchenkraut. Die glatte Petersilie duftet dabei intensiver und ist aromatischer als die krause Variante. Für rustikale Bohnen- oder Linsensuppen ist sie unentbehrlich, und häufig würzt man damit in Kombination mit Salbei und anderen Gewürzen Kichererbsenküchlein. Für Gemüsegerichte, wie *briami* (Zucchini und Kartoffeln im Ofen gegart) und *dolmathes* (gefüllte Weinblätter), ist sie unerlässlich. Mit gehackter Petersilie bestreut man auch Salat.

Oben: *Glatte Petersilie ist das am häufigsten verwendete Küchenkraut und wichtige Zutat für* briami, *ein Gemüsegericht, bei dem Zucchinischeiben zusammen mit Kartoffeln im Ofen gegart werden.*

Rucola

Einige kennen dieses Kraut unter dem Namen Rucola, andere nennen es Rauke, die Griechen sagen *roka* dazu. Die gezackten grünen Blätter haben ein intensives, pfeffriges Aroma und sind sehr wohlschmeckend. Rucola wächst in Griechenland wie Unkraut, die Pflanze sollte aber jung geerntet werden. Zarte Blätter serviert man im Ganzen, beispielsweise mit Radieschen und Feta-Käse. Häufig mischt man ihn mit Romana-Salat. Dazu werden die harten Stängel entfernt und die Blätter grob zerkleinert. Rucola mischt man auch gerne unter andere Salate, besonders Kartoffelsalat.

Pinienkerne

Pinienkerne sind die Samen, die zwischen den Schuppen der Zapfen des Pinienbaumes sitzen, der im Mittelmeerraum beheimatet ist. Sie haben eine feine Süße und eine herrlich cremige Konsistenz und verleihen den verschiedensten Speisen ein wunderbares Aroma.

Oben: *Rucola mit Romana-Salat ergibt einen erfrischenden grünen Salat.*

Rechts: *Bräunlich violette Kalamata-Oliven schmecken leicht nach Rotweinessig und sind überall auf der Welt erhältlich.*

Oliven

Wenn es einen Baum gibt, den jedermann sofort mit Griechenland assoziiert, dann ist das der Olivenbaum. Sowohl die Früchte als auch das Olivenöl gehörten im antiken Griechenland zu den Grundnahrungsmitteln.

Wenn die Oliven geerntet werden, sind sie noch ungenießbar. Für den Verzehr muss man sie erst zerstoßen oder einschneiden und in kaltes Wasser legen. Das Wasser muss in den folgenden 10 bis 15 Tagen täglich erneuert werden, dann haben die Früchte ihre Bitterkeit verloren und können in Salzlake oder Öl, oft zusammen mit Gewürzen, eingelegt werden.

Zu den bekanntesten griechischen Oliven zählen die aus Kalamata. Sie sind sehr saftig und aromatisch, haben eine bräunlich violette Schale, und man schmeckt noch den Rotweinessig, mit dem die Salzlake gewürzt wurde. Schwarze Oliven, die voll ausgereiften Früchte, findet man überall in Griechenland. Am häufigsten bekommt man die kleinen Früchte mit runzeliger Schale. Grüne (unreife) Oliven werden von den Griechen ebenfalls wegen ihres herb-frischen Geschmacks sehr geschätzt.

Olivenöl

Griechenland ist nach Spanien und Italien der drittgrößte Produzent von hochwertigem Olivenöl, und es ist bei verhältnismäßig niedrigem Preis äußerst wohlschmeckend. In Griechenland ist der Pro-Kopf-Verbrauch von Olivenöl höher als in allen anderen Ländern der Erde – 20 Kilogramm jährlich.

Das griechische Olivenöl hat die goldgrüne Farbe und den Geschmack der Frucht. Zu den besten griechischen Olivenölen zählt das kaltgepresste Mani, das aus den Koroneiki-Oliven im wilden Süden des Peloponnes gewonnen wird. Suchen Sie auch nach dem Iliada-Öl, das ebenfalls aus dem Peloponnes kommt. Auch das Olivenöl von der Insel Kreta (aus der Genossenschaft Kolymbari) schmeckt hervorragend.

Feta-Käse

Griechischer Feta ist ein frischer, schneeweißer Käse aus Schaf- oder Ziegenmilch. Seine Konsistenz ist interessant – weich, doch fest genug, um ihn in Würfel zu schneiden –, und er ist in Salzlake eingelegt. Er sollte immer leicht salzig schmecken und einen starken Nachgeschmack hinterlassen.

In Griechenland serviert man diesen Käse zu allen möglichen Gelegenheiten, vom Frühstück bis zum Abendessen, sowohl in salzigen als auch süßen Zubereitungen. Seine größte Rolle spielt er wohl im griechischen Bauernsalat, wo man ihn zusammen mit Tomaten, Gurken, Zwiebeln und Oliven anrichtet, aber man findet ihn auch als Beilage zu scharlachroten Wassermelonen oder saftigen Feigen. Kleine Feta-Würfel reicht man gerne auch zu einem *karafaki*, einem Gläschen Ouzo, dem berühmten griechischen Aperitif mit dem Anisaroma.

Oben rechts: *Olivenöl verwendet man in fast allen griechischen Speisen, von Fleisch- und Gemüsegerichten bis hin zu Salatsaucen und Marinaden.*

Mitte rechts: *Guter Feta-Käse soll salzig, krümelig und schneeweiß sein.*

Unten rechts: *Kombiniert mit Grieß und Mandeln, ergeben die süßen, cremig weichen Pinienkerne eine köstliche Basis für einen Kuchen.*

Ergibt 12–14 Stück

1 großes Ei
150 g Feta-Käse
2 EL Milch
2 EL gehackte frische Minzeblätter
1 EL Rosinen
1 EL Pinienkerne, leicht geröstet
Etwas Pflanzenöl (zum Einfetten des Backblechs)
1 Eigelb, verquirlt (zum Bestreichen)

Für den Teig
250 g Mehl
1 gestrichener TL Backpulver
50 ml kaltgepresstes Olivenöl
20 g Butter, geschmolzen
100 g griechischer Joghurt

Käsetäschchen mit Rosinen und Pinienkernen

skaltsounakia

Von diesen köstlichen Käsetäschchen werden Ihre Gäste begeistert sein. Auf Kreta bereitet man sie mit einer Reihe von verschiedenen Füllungen zu, beispielsweise mit gedünstetem Wildgemüse.

◎ Mehl mit dem Backpulver, dem Öl, der Butter und dem Joghurt verkneten. Teig zugedeckt 15 Minuten im Kühlschrank ruhen lassen.

◎ Für die Füllung das Ei in einer Schüssel leicht verschlagen. Käse dazukrümeln, Milch, Minze, Rosinen und Pinienkerne unterrühren. Backofen auf 190 °C (Umluft 170 °C, Gas Stufe 5) vorheizen.

◎ Die Hälfte des Teigs auf bemehlter Arbeitsfläche dünn ausrollen und mit einer Tasse Kreise ausstechen. In die Mitte einen gehäuften Teelöffel der Füllung geben und eine Teighälfte über die andere klappen. Die Ränder fest zusammendrücken und Täschchen auf das geölte Backblech setzen. Mit der restlichen Teigmenge ebenso verfahren. Täschchen mit verquirltem Eigelb bestreichen und 20 Minuten backen.

Für 4 Personen

1 gelbe oder grüne längliche oder runde Paprikaschote
1–2 frische grüne Chilischoten
200 g Feta-Käse, gewürfelt
60 ml kaltgepresstes Olivenöl
Saft von 1 Zitrone
50 ml Milch
Frisch gemahlener schwarzer Pfeffer
Etwas glatte Petersilie, fein gehackt (zum Garnieren)
Toastscheiben, geröstet (zum Servieren)

Feta-Paprika-Creme mit Chilis

htipiti

Diese Creme ist in der schönen Stadt Thessaloniki ein sehr beliebtes *mezé*. Wenn man in dem ehemaligen Marktviertel Lathathika, in dem jetzt schicke Bars und Restaurants boomen, auf ein Gläschen Ouzo einkehrt, bekommt man dazu garantiert ein Tellerchen *htipiti* serviert. Diese Käsecreme ist im restlichen Griechenland nahezu unbekannt.

◎ Paprikaschote und Chilis auf einem Metallspieß über einer offenen Flamme oder im Elektrogrill rösten, bis die Schale verkohlt ist.

◎ Paprikaschote und Chilis etwas auskühlen lassen. So viel Haut wie möglich abziehen und die geschwärzten Stellen des Fruchtfleisches mit Küchenpapier abreiben. Paprikaschote und Chilis der Länge nach aufschneiden und Stielansatz und Samen entfernen.

◎ Fruchtfleisch in den Mixer geben. Alle anderen Zutaten außer der Petersilie dazugeben und pürieren. Wenn die Masse zu fest ist, etwas Milch zugeben. Toastscheiben mit der Creme bestreichen, mit wenig Petersilie bestreuen.

Für 4 Personen

300 g Kichererbsen, über Nacht in Wasser eingeweicht
100 ml kaltgepresstes Olivenöl
2 große Zwiebeln, gehackt
1 EL gemahlener Kreuzkümmel
2 Knoblauchzehen, zerdrückt
3–4 frische Salbeiblätter, gehackt
3 EL gehackte glatte Petersilie
1 großes Ei, verquirlt
3 EL Mehl
Salz, frisch gemahlener schwarzer Pfeffer
50 g Mehl zum Wenden
Radieschen, Rucola, Oliven zum Garnieren

Kichererbsenküchlein

revythokeftethes

Dies ist eine der typischen schlichten Vorspeisen, die man so häufig in Griechenland serviert bekommt. Sie erhalten eine vollständige, originelle vegetarische Mahlzeit, wenn Sie die Küchlein mit Blumenkohl mit Ei-Zitronen-Sauce (siehe Seite 139) oder Spinat mit Reis und Dill (siehe Seite 138) kombinieren. Aber auch solo als pikanter Imbiss zu einem Glas Wein oder als Teil der Vorspeisenplatte sind diese Küchlein ideal. Traditionell garniert man sie mit Radieschen, Rucola und Oliven.

◎ Kichererbsen in ein Sieb geben, unter fließendem kaltem Wasser abbrausen und abtropfen lassen. In einen großen Topf geben, mit reichlich frischem kaltem Wasser bedeckt zum Kochen bringen. Gelegentlich mit einem Schaumlöffel den sich bildenden Schaum abschöpfen, bis die Kochflüssigkeit klar ist.

◎ Topf schließen und 1 1/2 Stunden garen, bis die Kichererbsen sehr weich sind. (Man kann die Kichererbsen – und das ist die empfehlenswertere Methode – auch im Schnellkochtopf in 20 Minuten garen.) Wenn die Kichererbsen weich sind, ein paar Esslöffel der Kochflüssigkeit abnehmen und beiseite stellen. Kichererbsen in einem Sieb abtropfen lassen. In den Mixer geben, zwei bis drei Esslöffel der aufgefangenen Kochflüssigkeit dazugeben und pürieren.

◎ 50 Milliliter Olivenöl in einer großen Pfanne erhitzen und die Zwiebeln goldgelb braten. Kreuzkümmel und Knoblauch unterrühren und ein paar Sekunden mitdünsten. Die gehackten Salbeiblätter und die Petersilie dazugeben, ebenfalls kurz unterrühren und die Mischung beiseite stellen.

◎ Die pürierten Kichererbsen in eine große Schüssel geben und das Ei, das Mehl und die Zwiebel-Kräuter-Mischung dazugeben. Kräftig mit Salz und Pfeffer würzen und alle Zutaten gut vermischen. Jeweils eine walnussgroße Menge der Mischung zu einer Kugel formen und flach drücken.

◎ Die Küchlein in Mehl wenden, überschüssiges Mehl abklopfen. Das restliche Olivenöl in einer großen Pfanne erhitzen und die Küchlein nach und nach von beiden Seiten knusprig goldbraun braten. Auf Küchenpapier abtropfen lassen und noch heiß mit Radieschen, Rucola und Oliven servieren.

Das Formen der Küchlein geht einfacher, wenn Sie die Hände kurz in Wasser tauchen, ehe Sie den Kichererbsenteig formen. Auf diese Weise bleibt nichts an den Händen kleben.

Für 4–6 Personen

1 Huhn (etwa 1,6 kg)
2 l Wasser
2 Zwiebeln, halbiert
2 Karotten
3 Stangen Staudensellerie, jeweils in 3–4 Stücke geschnitten
Einige Zweige glatte Petersilie
2–3 Knoblauchzehen
3–4 schwarze Pfefferkörner
Salz
50 g Rundkornreis

Für die Ei-Zitronen-Sauce
1 TL Speisestärke
2 große Eier
Saft von 1–2 Zitronen

Hühnersuppe mit Ei-Zitronen-Sauce

kotopoulo soupa avgolemono

Diese Suppe ist bestimmt eine der köstlichsten und nahrhaftesten Suppen überhaupt. Der Gedanke daran erfüllt mich mit Heimweh, denn dann fallen mir so manche Mittagessen zu Hause im herbstlichen Athen ein, bei denen dieser Suppe reichlich zugesprochen wurde. Ihr duftendes Aroma erfüllt einen kalten Tag mit tröstlicher Wärme, und sie ist so gehaltvoll, dass man sie durchaus als Hauptgericht servieren kann.

◎ Huhn mit dem Wasser in einen großen Topf geben. Zum Kochen bringen und mit einem Schaumlöffel mehrmals den sich bildenden Schaum von der Oberfläche schöpfen, bis die Kochflüssigkeit klar ist. Gemüse, Knoblauch und Pfefferkörner dazugeben, salzen und aufkochen lassen. Dann die Hitze etwas reduzieren, Topf schließen und 1 Stunde (bei Suppenhühnern auch länger) garen, bis das Hühnerfleisch sehr weich ist.

◎ Das Huhn vorsichtig aus der Brühe heben und auf einen großen Teller legen. Brühe durch ein Sieb gießen und auffangen, Gemüse wegwerfen. Hühnerbrüste und Keulen auslösen, enthäuten und das Fleisch würfeln. Brühe zurück in den Topf gießen und das gewürfelte Hühnerfleisch dazugeben.

◎ Kurz vor dem Servieren Brühe mit dem Fleisch erhitzen. Wenn die Flüssigkeit kocht, Reis zugeben.

◎ Zugedeckt 8 Minuten garen, bis der Reis weich ist. Topf von der Kochstelle ziehen und etwas abkühlen lassen, ehe man die Sauce unterrührt.

◎ Für die Ei-Zitronen-Sauce Speisestärke mit etwas kaltem Wasser glatt rühren. Zimmerwarme Eier in einer Schüssel verschlagen, Zitronensaft und glatt gerührte Speisestärke zugeben und alles gründlich verquirlen. Nach und nach eine Schöpfkelle der Hühnerbrühe in die Mischung rühren, kräftig 1 Minute weiterschlagen. Auf die gleiche Weise eine zweite Schöpfkelle unterrühren. Ei-Zitronen-Sauce langsam in die Brühe rühren, dann kräftig alles miteinander verquirlen.

◎ Suppe vorsichtig 1–2 Minuten erhitzen, aber nicht mehr aufkochen lassen, da sonst die Eier gerinnen, auch wenn die Suppe durch die Speisestärke recht stabil ist. Sofort servieren. Einen Teller mit Zitronenspalten extra dazu reichen.

Für 4 Personen

300 g grüne Linsen
150 ml kaltgepresstes Olivenöl
1 Zwiebel, in dünne Scheiben geschnitten
2 Knoblauchzehen, in Scheibchen geschnitten
1 Karotte, in dünne Scheiben geschnitten
400 g Tomaten aus der Dose, zerkleinert
1 EL Tomatenmark
½ TL getrockneter Oregano
1 l heißes Wasser
Salz, frisch gemahlener schwarzer Pfeffer
2 EL grob gehackte frische Petersilie oder andere frische Kräuter zum Garnieren

Linsensuppe

faki soupa

Linsen gehören zu den Standardzutaten der griechischen Winterküche. Das Geheimnis einer guten Linsensuppe besteht darin, nicht zu sparsam mit dem Olivenöl umzugehen. Die Suppe kann man mit einer Beilage aus Oliven, Brot und Käse als Hauptgericht reichen, oder – bei besonderen Gelegenheiten – zusammen mit frittierten Kalmaren oder *keftethes* (siehe Seite 130) servieren.

◎ Linsen waschen, in einem Sieb abtropfen lassen und in einen Topf geben. Mit kaltem Wasser bedeckt zum Kochen bringen und 3–4 Minuten kochen. Durch ein Sieb abgießen, Linsen beiseite stellen.

◎ Olivenöl erhitzen und Zwiebelscheiben glasig dünsten. Knoblauch unterrühren und Linsen zugeben. Karotte, Tomaten, Tomatenmark und Oregano unterrühren. Das heiße Wasser angießen und nach Belieben pfeffern.

◎ Alles zum Kochen bringen, dann Hitze reduzieren und zugedeckt 20–30 Minuten bei geringer Hitze garen, bis die Linsen weich sind. Mit Salz abschmecken und kurz vor dem Servieren mit den gehackten Kräutern bestreuen.

Für 4 Personen

500 g Hackfleisch vom Rind oder Lamm
1 Zwiebel, gerieben
1 Ei, verquirlt
50 g Rundkornreis
3 EL gehackte glatte Petersilie
Abgeriebene Schale von einer ½ unbehandelten Orange
Salz, frisch gemahlener schwarzer Pfeffer
60 ml kaltgepresstes Olivenöl
Etwas Orangenschale, in feine Streifen geschnitten, zum Garnieren

Für die Sauce

1 Zwiebel, in dünne Scheiben geschnitten
3–4 frische Salbeiblätter, in feine Streifen geschnitten
400 g Tomaten aus der Dose
300 ml Fleischbrühe oder heißes Wasser

Fleischbällchen in Tomatensauce

yiouvarlakia

Von diesem Gericht gibt es verschiedene Varianten, aber im Herbst kombiniere ich die Fleischbällchen am liebsten mit Tomatensauce, weil mich das süße Aroma der roten Früchte an den Sommer erinnert.

◎ Hackfleisch mit der Zwiebel, dem Ei, Reis und Petersilie in eine Schüssel geben. Abgeriebene Orangenschale, Salz und Pfeffer zugeben und alle Zutaten gründlich verkneten. Kleine Bällchen oder Würstchen formen und in heißem Olivenöl von allen Seiten kurz anbraten.

◎ Hackfleischbällchen herausnehmen und Zwiebelscheiben im heißen Öl goldgelb dünsten. Salbei und Tomaten zugeben, dabei Tomaten mit einem Kochlöffel zerkleinern.

◎ Einige Minuten schmoren, mit der Brühe oder Wasser aufgießen und aufkochen. Fleischbällchen vorsichtig in die Sauce geben. Nicht umrühren, Pfanne nur mehrmals leicht rütteln, bis alle Bällchen mit Sauce überzogen sind. Würzen und zugedeckt 30 Minuten bei geringer Hitze kochen, bis die Sauce eingedickt ist. Nach Belieben mit Orangenschale garnieren.

Für 4 Personen

250 g griechische *fava* oder getrocknete gelbe Schälerbsen
1,5 l Wasser
1 Zwiebel, fein gehackt
Salz, frisch gemahlener schwarzer Pfeffer
4 mittelgroße Kalmare (etwa 1 kg)
50 g Mehl
75 ml Olivenöl oder Sonnenblumenöl
2–3 Schalotten, fein gehackt
Olivenöl und Zitronensaft zum Beträufeln
1 EL fein gehackte glatte Petersilie zum Garnieren
Zitronenspalten zum Garnieren

Erbsenpüree mit Kalmaren

fava me kalamarakia

Lange Zeit galt *fava* in Griechenland als ausgesprochenes Armeleuteessen. In den letzten zehn Jahren jedoch gewann die Speise zunehmend an Beliebtheit. Traditionsgemäß serviert man *fava* ganz schlicht nur mit Petersilie und gehackter Zwiebel bestreut und mit einigen Tropfen Olivenöl beträufelt, doch in diesem Rezept habe ich sie mit gebratenen Kalmaren kombiniert.

◎ Die *fava* oder getrockneten Schälerbsen in kaltem Wasser 1 Stunde einweichen. In ein Sieb abgießen, mehrmals kalt abbrausen und in einen Topf geben. Das Wasser zugießen, zum Kochen bringen und den sich bildenden Schaum mehrmals von der Oberfläche abschöpfen, bis die Kochflüssigkeit klar ist.

◎ Die gehackte Zwiebel zugeben und alles bei geöffnetem Topfdeckel 1 Stunde oder länger bei schwacher Hitze kochen, dabei gelegentlich umrühren. Aufpassen, dass die Erbsen nicht am Topfboden anlegen. Die Erbsen sollen fast zerfallen, aber nicht trocken werden. Mit Salz abschmecken.

◎ In der Zwischenzeit die Kalmare vorbereiten, wie auf Seite 129 beschrieben. Fischkörper nicht aufschneiden, innen und außen unter fließendem kaltem Wasser gründlich spülen, gut abtropfen lassen.

◎ Mehl salzen und pfeffern und die Tintenfische darin wenden, überschüssiges Mehl abklopfen.

◎ Erbsen im Mixer pürieren, solange sie noch heiß sind, da sie in erkaltetem Zustand schnell fest werden. Das Püree sollte die Konsistenz einer dicken Creme haben.

◎ Öl in einer großen Pfanne erhitzen. Wenn das Öl zu brodeln beginnt, aber noch nicht anfängt zu rauchen, die Kalmare nebeneinander in die Pfanne legen und auf beiden Seiten goldgelb braten. Tentakel zugeben und ebenfalls unter Wenden goldgelb braten.

◎ Erbsenpüree auf Portionsteller verteilen und etwas auskühlen lassen. Mit den gehackten Schalotten bestreuen, mit Olivenöl und Zitronensaft beträufeln. Die gebratenen Tintenfische auf dem Erbsenpüree anrichten. Schwarzen Pfeffer darüber mahlen und mit der gehackten Petersilie und Zitronenspalten garnieren.

Kaufen Sie nach Möglichkeit die griechischen Hülsenfrüchte, die unter dem Namen *fava* bekannt sind. Sie sind kleiner als gewöhnliche gelbe Schälerbsen und haben einen feineren Geschmack.

Für 4 Personen als Hauptgericht
Für 6 Personen als Vorspeise

400 g griechische *gigantes* oder große getrocknete weiße Bohnen
150 ml kaltgepresstes Olivenöl
2–3 Zwiebeln (etwa 300 g), gehackt
1 Stange Staudensellerie, in dünne Scheiben geschnitten
2 Karotten, gewürfelt
3 Knoblauchzehen, in dünne Scheiben geschnitten
1 TL getrockneter Oregano
1 TL getrockneter Thymian
400 g Tomaten aus der Dose, zerkleinert
2 EL Tomatenmark, in 300 ml heißem Wasser aufgelöst
½ TL Zucker
3 EL fein gehackte glatte Petersilie
Salz, frisch gemahlener schwarzer Pfeffer

Weiße Bohnen mit Tomaten

gigantes fournou

***Gigantes* sind weiße Trockenbohnen, aber größer und feiner im Geschmack als die bei uns bekannten Sorten. Sie stammen aus Nordgriechenland, und die besten wachsen in der Gegend um Kastoria. Ähnliche Riesenbohnen gibt es auch in Italien und Spanien. Bei uns findet man die *gigantes* oft in griechischen oder italienischen Lebensmittelgeschäften. Sie ergeben ein köstliches Gericht, das in vielen griechischen Tavernen serviert wird, selbst im heißen Sommer. *Gigantes fournou* werden manchmal auch als *mezé* gereicht, doch griechische Hausfrauen bereiten sie als Hauptgericht zu.**

◎ Bohnen in eine große Schüssel geben und, mit reichlich kaltem Wasser bedeckt, über Nacht einweichen. In ein Sieb gießen, mit kaltem Wasser abbrausen und abtropfen lassen. Die Bohnen mit reichlich Wasser bedeckt zum Kochen bringen. Zugedeckt bei geringer Hitze kochen, bis die Bohnen fast weich sind. *Gigantes* haben eine kürzere Kochzeit als andere Trockenbohnen, also bereits nach 30–40 Minuten Garprobe machen, da die Bohnen keinesfalls zerfallen dürfen.

◎ Die gegarten Bohnen abtropfen lassen und beiseite stellen. Kochflüssigkeit wegschütten. Backofen auf 180 °C (Umluft 160 °C, Gas Stufe 4) vorheizen.

◎ In einer großen Deckelpfanne Olivenöl erhitzen und Zwiebeln goldgelb braten. Sellerie, Karotten, Knoblauch und die getrockneten Kräuter unterrühren, bis der Knoblauch Duft entwickelt.

◎ Tomaten unterrühren und zugedeckt 10 Minuten bei geringer Hitze kochen. Das aufgelöste Tomatenmark zugießen und die gekochten Bohnen zugeben. Zucker und Petersilie unterrühren und kräftig mit Salz und Pfeffer würzen.

◎ Die Tomaten-Bohnen-Mischung in eine feuerfeste Form geben und im Backofen 30 Minuten garen, dabei öfter kontrollieren und bei Bedarf etwas heißes Wasser angießen, wenn die Mischung zu trocken wird. Die Oberfläche sollte goldbraun aussehen.

Geben Sie niemals Salz ins Kochwasser von Trockenbohnen oder anderen Hülsenfrüchten. Salzen Sie erst, wenn die Bohnen gar sind, sonst wird die Schale hart und zäh.

Für 4 Personen als Hauptgericht
Für 6 Personen als Vorspeise

700 g Zucchini
500 g Kartoffeln, geschält und in grobe Stücke geschnitten
1 Zwiebel, in dünne Scheiben geschnitten
3 Knoblauchzehen, gehackt
1 große rote Paprikaschote, Samen und Scheidewände entfernt, gewürfelt
400 g Tomaten aus der Dose, grob zerkleinert
150 ml kaltgepresstes Olivenöl
150 ml heißes Wasser
1 TL getrockneter Oregano
Salz, frisch gemahlener schwarzer Pfeffer
3 EL gehackte glatte Petersilie

Zucchini-Kartoffel-Gemüse

briami

Wenn Sie dieses köstliche Gemüsegericht im Frühherbst zubereiten, wird der wunderbare Duft, der aus der Küche dringt, augenblicklich Erinnerungen an den gerade erst vergangenen Sommer wachrufen. *Briami* ist ganz einfach zuzubereiten und findet bei jedermann – auch Kindern – Anklang. In Griechenland genießt man dieses Zucchini-Kartoffel-Gemüse mit Salat, ein paar Oliven und Käse als eigenständige Mahlzeit.

◎ Backofen auf 190 °C (Umluft 170 °C, Gas Stufe 5) vorheizen. Zucchini waschen, putzen und in dünne Scheiben schneiden. Zucchinischeiben in eine feuerfeste Form geben und Kartoffeln, Zwiebel, Knoblauch, Paprika und Tomaten zugeben. Alles gut mischen und Öl, heißes Wasser und Oregano unterrühren.

◎ Mischung mit Salz und Pfeffer würzen. 30 Minuten im Backofen garen, Petersilie und noch etwas heißes Wasser unterrühren.

◎ Im Backofen eine weitere Stunde garen, dabei in den letzten 10–15 Minuten Hitze auf 200 °C (Umluft 180 °C, Gas Stufe 6) erhöhen, damit die Kartoffeln braun werden.

Für 4 Personen

1 große Hand voll Rucola
2 Romana-Salatherzen
3–4 Stängel glatte Petersilie, grob gehackt
2–3 EL fein gehackter frischer Dill
75 ml kaltgepresstes Olivenöl
1–2 EL Zitronensaft
Salz

Romana-Salat mit Rucola

maroulosalata me roka

Die Griechen mögen ihren grünen Salat am liebsten, wenn er erfrischend nach Zitrone schmeckt. Bei diesem Salat kommt darüber hinaus ihre Vorliebe für ziemlich herbe, bisweilen sogar ausgesprochen bittere Salatsorten und Kräuter zum Ausdruck. Rucola, besonders die wild wachsende Variante, ist eine äußerst beliebte Zutat. Sie verleiht Salaten einen pfeffrigen Geschmack.

◎ Junge zarte Rucola-Blätter ganz lassen, ältere Blätter von den harten Stängeln befreien und grob zerkleinern.

◎ Romana-Salatherzen quer in dünne Streifen schneiden und in eine Schüssel geben. Rucola, gehackte Petersilie und Dill darüber verteilen.

◎ Für die Salatsauce Öl und Zitronensaft mit beliebig Salz in einem Schüsselchen verquirlen, bis die Mischung emulgiert und dicklich wird. Kurz vor dem Servieren Sauce über den Salat geben und kurz durchmischen, bis alle Zutaten mit Öl überzogen sind.

Für 4 Personen

100 ml kaltgepresstes Olivenöl
Saft von 1 großen Zitrone
3 Knoblauchzehen, zerdrückt
4 mitteldicke Thunfischsteaks (etwa 800 g)
Salz, frisch gemahlener schwarzer Pfeffer
3 EL gehackte glatte Petersilie
1 EL frischer Oregano oder
1 TL getrockneter Oregano
500 g Kartoffeln, geschält und in kleine Würfel geschnitten
500 g Tomaten, enthäutet und gehackt
150 ml heißes Wasser

Thunfisch mit Kartoffeln

tonos plaki

Im September bringen die Fischer aus Alonnisos ihre Thunfischfänge an Land, und in dieser Zeit kochen die Frauen der Insel häufig dieses Gericht. Die Art der Zubereitung ist auf Alonnisos Tradition. Auch heute noch wird es oft im Backofen des Dorfbäckers gegart, wenn das letzte Brot fertig ist.

◎ Olivenöl, Zitronensaft und Knoblauch in einer ausreichend großen flachen Form vermischen, in der die Thunfischsteaks nebeneinander Platz haben. Salz und Pfeffer unterrühren, dann die Fischscheiben hineinlegen. Mit den Kräutern bestreuen und wenden. 1–2 Stunden marinieren. Thunfisch aus der Marinade nehmen und in eine feuerfeste Form legen.

◎ Backofen auf 180 °C (Umluft 160 °C, Gas Stufe 4) vorheizen. Kartoffelwürfel in die Form mit der Marinade geben und wenden, bis alles mit Marinade überzogen ist. Um die Fischscheiben herum verteilen, restliche Marinade darüber gießen und gehackte Tomaten auf der Oberfläche verteilen.

◎ Heißes Wasser in die feuerfeste Form gießen. Alles 40 Minuten im Backofen garen, nach 20 Minuten Fischsteaks wenden und Kartoffelwürfel umrühren.

◎ Thunfischscheiben auf eine vorgewärmte Platte legen und mit Folie bedeckt warm halten. Ofentemperatur auf 200 °C (Umluft 180 °C, Gas Stufe 6) erhöhen, wenn nötig noch etwas heißes Wasser in die feuerfeste Form gießen und die Kartoffeln weitere 15 Minuten garen, bis sie knusprig braun sind. Zu Fisch und Kartoffeln passt am besten ein frischer grüner Salat.

Für 4 Personen

500 g frischer Spinat, dicke Stängel entfernt
4 frische Seehechtsteaks oder
4 Scheiben Kabeljaufilet (etwa 800 g)
2 EL Mehl
75 ml kaltgepresstes Olivenöl
1 Glas Weißwein (175 ml)
Feine Schalenstreifen von ½ unbehandelten Zitrone
Salz, frisch gemahlener schwarzer Pfeffer

Für die Ei-Zitronen-Sauce
2 große Eier, zimmerwarm
Saft von 1/2 Zitrone
1/2 TL Speisestärke

Seehecht mit Spinat und Ei-Zitronen-Sauce

bakaliaros me spanaki avgolemono

Gedünsteter Fisch mit diversen Kräutern hat seine Wurzeln in der griechischen Klosterküche. Die orthodoxe Kirche schrieb vor, dass an bestimmten Tagen, etwa an Mariä Verkündigung am 25. März oder am Palmsonntag, Fisch verzehrt werden musste. Den Klosterköchen ist es zu verdanken, dass sich aus einer eher farblosen Mahlzeit ein schmackhaftes Gericht entwickelte. Sie sammelten dazu je nach Jahreszeit die Kräuter, die wild in der Gegend wuchsen. In der modernen griechischen Küche werden diese Wildkräuter durch Spinat, Sellerie, Lauch, das Kraut von verschiedenen Rüben oder Fenchel ersetzt.

◎ Gewaschenen Spinat in einen großen Topf geben. Bei mittlerer Hitze und geschlossenem Deckel zusammenfallen lassen, dabei gelegentlich umrühren. Spinat in einem Sieb abtropfen lassen, beiseite stellen.

◎ Fischscheiben in Mehl wenden, überschüssiges Mehl abklopfen. Olivenöl in einer großen Pfanne erhitzen und Fisch bei mittlerer Hitze auf jeder Seite 2–3 Minuten goldgelb braten.

◎ Mit Weißwein ablöschen, Zitronenschale zugeben und mit Salz und Pfeffer würzen. Pfanne vorsichtig schwenken, damit sich die Zutaten gut vermischen. Hitze reduzieren und Flüssigkeit ein paar Minuten einkochen lassen.

◎ Spinat zugeben und gleichmäßig um die Fischscheiben verteilen. 3–4 Minuten schmoren, dann Pfanne von der Kochstelle ziehen und ein paar Minuten ruhen lassen, bis die Sauce zugefügt wird.

◎ Ei-Zitronen-Sauce zubereiten, wie auf Seite 89 beschrieben, aber die oben angegebenen Mengen verwenden. Die Sauce auf Fisch und Spinat verteilen, die Pfanne zurück auf die Kochstelle geben und bei geringer Hitze vorsichtig schwenken, damit sich die Zutaten vermischen. Wenn nötig, etwas warmes Wasser zugeben. 2–3 Minuten weiter erwärmen, dabei auf keinen Fall kochen lassen, da sonst die Sauce gerinnen könnte. Sofort servieren.

Für 4 Personen

700 g milde längliche Paprikaschoten
75 ml kaltgepresstes Olivenöl
500 g pikant gewürzte Würstchen (italienische Knoblauchwürstchen, ersatzweise Mettenden)
400 g Tomaten, in Scheiben geschnitten
1 TL getrockneter Oregano oder etwas frischer Thymian, gehackt
150 ml heißes Wasser
Salz, frisch gemahlener schwarzer Pfeffer
3 EL gehackte glatte Petersilie

Eintopf mit Wurst und Paprika

spetzofai pilioritiko

Das Gericht ist eine Spezialität des Pilion, jenes wunderschönen Gebirges an der Ostküste, das sich zwischen der Stadt Volos auf der einen Seite und dem blauen Ägäischen Meer auf der anderen auftürmt. *Spetzofai* werden Sie in allen Restaurants der malerischen Bergdörfer finden. Ganz gleich, ob Sie Milies, Tsangaratha, Zagora oder Makrinitsa besuchen, unweigerlich wird in der Küche ein Topf mit *spetzofai* vor sich hin blubbern, aber auch auf den nahen Inseln wie Skiathos, Alonnisos und Skopelos wird dieser Eintopf gerne gegessen. Statt der länglichen Paprikaschoten können Sie genauso gut rote, grüne oder gelbe runde Paprikaschoten verwenden.

◎ Paprikaschoten längs halbieren, Samen und Scheidewände entfernen, danach vierteln. Olivenöl in einem großen Schmortopf erhitzen und Paprikastücke bei mittlerer Hitze 10–15 Minuten braten, bis sie leicht gebräunt aussehen.

◎ Inzwischen die Würstchen in mundgerechte Scheiben schneiden. Das heiße Öl aus dem Schmortopf vorsichtig in eine Pfanne gießen. Die Wurstscheiben unter häufigem Wenden kurz braten, damit sie ihr überschüssiges Fett verlieren. Nur anbraten, nicht garen. Die gebräunten Wurstscheiben aus der Pfanne nehmen und auf Küchenpapier abtropfen lassen.

◎ Tomaten, Wurstscheiben und Kräuter zu den Paprikaschoten in den Schmortopf geben. Wasser angießen und mit Salz und Pfeffer würzen. Zugedeckt bei geringer Hitze etwa 30 Minuten schmoren. Petersilie unterrühren und servieren.

Wer will, kann die Gemüse-Wurst-Mischung auch in eine Auflaufform geben und im vorgeheizten Backofen bei 180 °C (Umluft 160 °C, Gas Stufe 4) 40 Minuten garen.

Für 4 Personen

75 ml kaltgepresstes Olivenöl
1 Brathähnchnen (etwa 1,6 kg, wenn möglich aus natürlicher Aufzucht), in 6–8 Teile zerlegt
3–4 Schalotten, fein gehackt
2 Karotten, in Scheiben geschnitten
1 Stange Staudensellerie, grob gehackt
2 Knoblauchzehen, gehackt
Saft von 1 Zitrone
300 ml heißes Wasser
Salz, frisch gemahlener schwarzer Pfeffer
2 EL gehackte glatte Petersilie
12 grüne oder schwarze Oliven

Hähnchen mit Oliven

kotopoulo me elies

Ein Gericht, das ganz einfach zuzubereiten ist. Bei uns zu Hause gab es dazu als Beilage immer Pommes frites oder Reis, aber gekochte neue Kartoffeln passen ebenso gut dazu.

◎ Backofen auf 180 °C (Umluft 160 °C, Gas Stufe 4) vorheizen. Olivenöl in einem ofenfesten Schmortopf mit breitem Boden erhitzen und die Hähnchenteile rundum gut anbraten. Aus dem Topf nehmen und beiseite stellen.

◎ Schalotten, Karotten und Sellerie zu dem restlichen Öl in den Schmortopf geben und andünsten, bis die Schalotten glasig sind. Knoblauch unterrühren. Sobald der Knoblauch Duft entwickelt, Hähnchenteile zurück in den Schmortopf geben und den Zitronensaft darüber gießen. Ein paar Minuten schmoren, dann Wasser angießen und salzen und pfeffern.

◎ Schmortopf zudecken und in den vorgeheizten Backofen schieben. 1 Stunde garen, dabei die Hähnchenteile gelegentlich wenden. Topf aus dem Ofen nehmen und Petersilie und Oliven unterrühren. Topf schließen und im Backofen weitere 30 Minuten garen.

Für 4 Personen

4 Lammhaxen
Salz, frisch gemahlener schwarzer Pfeffer
3 EL Mehl
50 ml kaltgepresstes Olivenöl
1 große Zwiebel, gehackt
2 Knoblauchzehen, gehackt
1 Stange Staudensellerie, in Scheiben geschnitten
1 Karotte, in Scheiben geschnitten
Nadeln von 2 Zweigen frischem Rosmarin
2 Lorbeerblätter
175 ml Weißwein
2 EL Tomatenmark, in 450 ml heißem Wasser aufgelöst
250 g getrocknete Cannellini-Bohnen, über Nacht in Wasser eingeweicht
150 ml heißes Wasser

Lammhaxen mit weißen Bohnen

arnaki me fasolia

Deftig und sättigend ist dieses Gericht und somit ideal für kühle Herbstabende. Die köstliche Schmorflüssigkeit dringt in die langsam garenden Bohnen ein und macht sie unvergleichlich aromatisch. Als einzige Beilage genügt ein schlichter, mit Zitrone abgeschmeckter grüner Salat.

◎ Backofen auf 160 °C (Umluft 140 °C, Gas Stufe 3) vorheizen. Lammhaxen würzen, in Mehl wenden. Öl in einem Schmortopf erhitzen und Lammhaxen rundum gut anbraten. Aus dem Topf nehmen und beiseite stellen.

◎ Zwiebel in dem restlichen Öl bei mittlerer Hitze goldgelb dünsten. Knoblauch, Sellerie, Karotte, Rosmarin und Lorbeerblätter unterrühren.

◎ Fleisch zurück in den Schmortopf geben und mit Wein ablöschen. Flüssigkeit etwas einkochen lassen, dann das aufgelöste Tomatenmark dazugeben. Bohnen in einem Sieb abtropfen lassen und zu dem Fleisch geben. Nach Belieben mit Pfeffer würzen. Zugedeckt im Backofen 1 Stunde garen. Nach Geschmack salzen und das heiße Wasser angießen. 1 weitere Stunde zugedeckt garen, bis das Fleisch weich ist.

Für 4 Personen

Saft von ½ Zitrone
2–3 große Quitten (etwa 1 kg)
75 ml kaltgepresstes Olivenöl
1 kg hochwertiges Rindfleisch zum Schmoren, in große Scheiben geschnitten
1 Glas Weißwein (etwa 175 ml)
300 ml heißes Wasser
1 Zimtstange
Salz
3 EL brauner Zucker, in 300 ml heißem Wasser aufgelöst
1 kräftige Prise Muskatnuss

Rindfleisch mit Quitten

moshari me kythonia

Ein sehr exotisches Gericht, das mich an späte Herbsttage erinnert, wenn nur noch die golden leuchtenden Früchte an den kahlen Zweigen der Quittenbäume hängen. Anfang November sah unser Obstgarten immer aus, als stünden dort surrealistische Weihnachtsbäume! Ich liebe Quitten wegen ihres Aromas und ihrer vielfältigen Geschmacksnuancen, und ich genieße sie in allen möglichen Zubereitungen, aber ich weiß, dass sich manche an den Geschmack erst gewöhnen müssen. In dieser Kombination von süß und salzig jedoch überzeugen sie wohl die meisten Skeptiker und auch jene, die diese Frucht noch nie probiert haben.

◎ Eine Schüssel mit kaltem Wasser und dem Zitronensaft bereit stellen. Mit einem scharfen Küchenmesser Quitten längs halbieren, dann vierteln. Kernhaus entfernen, Frucht schälen und sofort in das Wasser mit dem Zitronensaft legen, damit sich das Fruchtfleisch nicht verfärbt.

◎ Olivenöl in einem großen Schmortopf erhitzen. Kurz bevor das Öl zu rauchen beginnt, Fleisch auf beiden Seiten kräftig anbraten. Hitze reduzieren, mit Wein ablöschen und Flüssigkeit etwas einkochen lassen.

◎ Das heiße Wasser in den Schmortopf gießen und Zimtstange dazugeben. Zugedeckt bei geringer Hitze 1 Stunde schmoren, bis das Fleisch weich ist. Mit Salz abschmecken.

◎ Quitten aus dem Zitronenwasser nehmen und jedes Viertel längs in zwei bis drei Spalten schneiden. Die Hälfte der Quitten nebeneinander in eine große Pfanne legen, die Hälfte des Zuckerwassers darüber gießen und Quitten 10 Minuten bei schwacher Hitze kochen. Die Früchte dabei gelegentlich wenden, bis die Flüssigkeit ganz eingekocht ist, die Quitten langsam karamellisieren und braun werden.

◎ Die karamellisierten Quitten auf dem Fleisch im Schmortopf verteilen und Vorgang mit den restlichen Quitten wiederholen. Wenn alle Quitten auf dem Fleisch verteilt sind, eine kräftige Prise Muskatnuss darüber reiben. Wenn nötig, noch etwas heißes Wasser angießen, so dass die Quitten bedeckt sind.

◎ Zugedeckt weitere 30 Minuten schmoren, bis Fleisch und Quitten butterweich sind. Nicht mehr umrühren, sondern gelegentlich Topf rütteln, damit das Fleisch nicht am Topfboden anlegt. Heiß servieren.

Für 4 Personen

2–3 mitteldicke Scheiben Weißbrot, Kruste entfernt
700 g Hackfleisch vom Lamm oder Rind
2 Knoblauchzehen, zerdrückt
1 EL gemahlener Kreuzkümmel
1 Ei, verquirlt
Salz, frisch gemahlener schwarzer Pfeffer
30 g Mehl
50 ml Sonnenblumenöl (zum Braten)

Für die Sauce
50 ml Olivenöl
1 TL Kreuzkümmel (Samen)
400 g Tomaten aus der Dose, grob zerkleinert
1 EL Tomatenmark, in 150 ml heißem Wasser aufgelöst
½ TL getrockneter Oregano
12–16 grüne Oliven, entsteint

Hackfleischklößchen mit Kreuzkümmel und grünen Oliven

soutzoukakia me elies

***Soutzoukakia* sind ideal, wenn sie Gäste haben, denn man kann sie problemlos im Voraus zubereiten und braucht sie vor dem Servieren nur noch zu erwärmen. Passende Beilagen sind gekochter Reis, Pommes frites oder Pasta.**

◎ Brot 10 Minuten in Wasser einweichen, ausdrücken und in eine große Schüssel geben. Hackfleisch, Knoblauch, gemahlenen Kreuzkümmel und Ei zugeben. Mit Salz und Pfeffer würzen und alles mit einer Gabel oder mit den Händen gründlich verkneten.

◎ Jeweils eine walnussgroße Menge Fleischteig zu einem kurzen dünnen Würstchen formen. Wenn der Fleischteig aufgebraucht ist, die Würstchen in Mehl wenden, überschüssiges Mehl abklopfen.

◎ Sonnenblumenöl in einer großen beschichteten Pfanne erhitzen und die *soutzoukakia*, wenn nötig portionsweise, rundum goldbraun braten. Herausnehmen und in eine Schüssel geben. Das restliche Öl in der Pfanne abgießen.

◎ Für die Sauce Olivenöl in einem großen Schmortopf erhitzen und Kreuzkümmel kurz anrösten, bis er zu duften anfängt. Tomaten zugeben und etwa 2 Minuten unterrühren und dabei zerkleinern. Das aufgelöste Tomatenmark dazugießen und alles gut verrühren. *Soutzoukakia* in die Sauce geben. Oregano und Oliven unterrühren und mit Salz und Pfeffer abschmecken. *Soutzoukakia* mit der Sauce bedecken, dann zugedeckt bei schwacher Hitze 30 Minuten schmoren, dabei Topf gelegentlich rütteln, damit nichts am Topfboden anlegt. In eine Servierform geben und servieren.

Die *soutzoukakia* schmecken köstlich, wenn sie in der mit Kreuzkümmel gewürzten Sauce schmoren dürfen. Natürlich können sie die *soutzoukakia* auch ohne die Sauce genießen, aber achten Sie bitte darauf, dass sie stets gut durchgebraten sind.

Für 6–8 Personen

500 g Zucker
1 l kaltes Wasser
1 Zimtstange
250 ml Olivenöl
350 g Hartweizengrieß
50 g Mandeln, blanchiert und geschält
2 EL Pinienkerne
1 TL gemahlener Zimt

Grießkuchen

halvas

Alle Griechen schätzen *halvas*, es ist die beliebteste Süßspeise schlechthin. Es ist im Handumdrehen zubereitet – in etwa 20 Minuten –, und die Zutaten sind preiswert und in jedem griechischen Haushalt vorrätig. *Halvas* passt ausgezeichnet zu griechischem Kaffee. Wie populär dieser Kuchen ist, sieht man an der simplen Rezeptur, die jede Griechin kennt: eins, zwei, drei, vier. Ein Teil Olivenöl, zwei Teile Grieß, drei Teile Zucker und vier Teile Wasser. Bei diesem Rezept verwende ich, dem heutigen Geschmack entsprechend, etwas weniger Zucker.

◎ Zucker, Wasser und Zimtstange in einem schweren Topf aufkochen lassen und rühren, bis sich der Zucker aufgelöst hat. Ohne zu rühren weitere 4 Minuten kochen, bis die Flüssigkeit sirupartig eingedickt ist.

◎ Inzwischen Öl in einem zweiten schweren Topf erhitzen. Kurz bevor es zu rauchen anfängt, Grieß nach und nach zugeben und unter Rühren hellbraun rösten.

◎ Hitze reduzieren, Mandeln und Pinienkerne zugeben und 2–3 Minuten unter ständigem Rühren bräunen. Topf mit der Grießmischung von der Kochstelle ziehen und beiseite stellen. Mit einem Schaumlöffel Zimtstange aus dem heißen Sirup entfernen.

◎ Vorsichtig den heißen Sirup in die Grießmischung gießen, dabei ständig rühren. Auf genügend Abstand achten, denn die Mischung kann spritzen.

◎ Topf zurück auf den Herd stellen und bei geringer Hitze ständig rühren, bis der Grieß den Sirup ganz aufgesogen hat und eine homogene Masse entstanden ist. Topf von der Kochstelle ziehen und Grieß-Sirup-Mischung, mit einem sauberen Küchenhandtuch bedeckt, 10 Minuten quellen lassen.

◎ Die Mischung in eine flache Tortenbodenform von etwa 20 Zentimeter Durchmesser streichen und beiseite stellen. Wenn die Grießmischung vollständig erkaltet ist, auf eine Kuchenplatte stürzen und mit dem gemahlenen Zimt bestreuen.

In Griechenland bereitet man diesen Kuchen mit kaltgepresstem Olivenöl zu, doch womöglich ziehen Sie hier den weniger intensiven Geschmack eines leichteren Olivenöls vor.

Ergibt etwa 30 Stück

8–9 unbehandelte dickschalige Orangen (etwa 1 kg), heiß abgewaschen und abgetrocknet
1 kg Zucker
Saft von 1 Zitrone

Orangenschalen in Sirup

nerantzi glyko

Orangenschalen in Sirup sind eine typisch griechische Süßspeise, die auch mit diversen anderen Früchten zubereitet wird. Feigen, Kirschen, Weintrauben und Aprikosen eignen sich dafür, aber auch kleine Bitterorangen, die man im Ganzen konserviert. Ein wunderschöner Leckerbissen sind auch die eingelegten Blütenblätter von Rosen. Diese Art Löffelsüßigkeit – *glyko tou koutaliou* – serviert man gerne seinem Besuch als Willkommensgruß. Geben Sie eines der süßen Teilchen auf einen Teelöffel, der auf einem Untersetzer liegt, und reichen Sie dazu ein Glas kaltes Wasser.

◎ Jede Orange längs in vier bis sechs Teile einschneiden und von jedem Segment die Schale in einem Stück abziehen. Orangenschalen in eine Schüssel mit kaltem Wasser legen. Fruchtfleisch anderweitig verwenden.

◎ Eine Nähnadel mit starkem Baumwollfaden bereitlegen. Ein Stück Schale aufrollen, Nadel durch die aufgerollte Schale stechen und Orangenschale auf den Baumwollfaden auffädeln. Auf diese Weise zehn bis zwölf Schalenrollen auffädeln, dann Fadenenden miteinander verknoten. Mit den restlichen Schalen ebenso verfahren. Die Schalenröllchen in eine Schüssel mit kaltem Wasser legen und 24 Stunden darin liegen lassen, dabei Wasser drei bis vier Mal erneuern.

◎ Am nächsten Tag die aufgefädelten Schalen abtropfen lassen und in einen großen Topf geben. Etwa drei Liter Wasser dazugießen. Zum Kochen bringen und 15 Minuten bei halb geöffnetem Topf kochen. Wasser abgießen und Schalen in einem Durchschlag gut abtropfen lassen. Schalenröllchen zurück in den Topf geben, erneut die gleiche Menge Wasser zugießen und 10 Minuten kochen, bis die Schalen sich weich anfühlen, dabei aber auf keinen Fall zu lange kochen. Mindestens 1 Stunde abtropfen lassen.

◎ Zucker mit 150 Milliliter Wasser in einen großen schweren Topf geben. Bei geringer Hitze rühren, bis der Zucker sich aufgelöst hat, ohne Rühren weitere 4 Minuten kochen, bis die Flüssigkeit sirupartig eingedickt ist. Fäden durchschneiden und Orangenschalenröllchen vorsichtig in den Zuckersirup gleiten lassen. Bei geringer Hitze 5 Minuten kochen, dann Topf von der Kochstelle ziehen und die Schalenröllchen über Nacht im Sirup ziehen lassen.

◎ Am nächsten Tag den Sirup bei sehr geringer Hitze 4–5 Minuten erwärmen, bis er dicklich wird. Zitronensaft unterrühren, den Topf von der Kochstelle ziehen und auskühlen lassen. Schalenröllchen mit Sirup in sterilisierte Gläser füllen und gut verschließen. Kühl und trocken aufbewahrt, halten sie bis zu zwei Jahre.

Winter

Rubinfarbene Rote Beten, gehaltvolle Trockenbohnen und deftige Schmorgerichte

Im Winter sind die Straßen in manchen griechischen Städten und Dörfern oft wie leer gefegt, aber die Märkte haben an bestimmten Wochentagen weiterhin geöffnet. Die Sommertouristen würden ihre griechischen Inseln in dieser Jahreszeit kaum wieder erkennen, so verlassen, ja fast gespenstisch wirken sie. Alles Leben spielt sich nur noch im Haus ab.

Im Sommer achtete man darauf, dass die Küche angenehm kühl blieb, denn draußen war es glühend heiß. Nun ist das Gegenteil der Fall. Wenn das Thermometer fällt, wird die Küche zum behaglichen, wärmenden Refugium. Auf dem Herd blubbern die Töpfe fast den ganzen Tag, und in ihnen verwandeln sich hartschalige Hülsenfrüchte allmählich in butterweiche Delikatessen. Trockenbohnen, Schälerbsen, Linsen und Kichererbsen sind die Basis für köstliche Eintöpfe, die Körper und Seele erwärmen.

Mit großer Hingabe wird in der Zeit die sehr deftige *fasolatha* gekocht, die Bohnensuppe, die nahezu ein Nationalgericht ist und bereits seit Jahrhunderten die Griechen ernährt und bei Kräften hält. Auch diese Bohnensuppe ist ein einfaches, ursprüngliches Gericht, zu dem man, wie es der Brauch ist, Oliven, rohe Zwiebeln oder Knoblauch reicht. An besonderen Tagen serviert man dazu *keftethes*, gebratene Fleischbällchen, und die duftenden Kräuter, mit denen sie gewürzt sind, wecken Erinnerungen an sonnenbeschienene Berghänge. Die *fasolatha* kann aber auch dem Genuss von eingelegten Fischen vorausgehen, welche die Griechen überaus schätzen: *lakertha* (marinierter weißer Thunfisch) oder in Salz eingelegte Anchovis. Man holt sie aus riesigen Blechkanistern, und oft sind sie über und über mit Salzkristallen überzogen. Sie werden abgespült, filetiert und, wenn man es milder haben möchte, kurze Zeit in Milch eingelegt, ehe man sie in Olivenöl und Zitronensaft mariniert.

Die Wochenmärkte sind im Winter nicht so farbenprächtig, vielmehr dominieren in dieser Jahreszeit weiße und grüne Farbtöne. Schlanke

Oben links: *Rote Bete ist in Griechenland sehr beliebt. Man serviert dazu gerne* skorthalia, *eine würzige Knoblauchpaste.*

Oben rechts: *Die Griechen lieben eingelegte Fische, besonders in Salz eingelegte Anchovis. Man genießt sie mit Olivenöl beträufelt.*

Links: *Obwohl die Cannellini-Bohnen ursprünglich aus Argentinien stammen, liebt man sie in Griechenland seit Generationen. Sie bilden die Basis für eine deftige Suppe,* fasolatha.

Rechts: Fasolatha, *ein griechisches Nationalgericht, wird stets zusammen mit einem Schälchen Oliven, rohen Zwiebelspalten oder Knoblauchzehen serviert.*

Unten rechts: *Im Winter sind die Märkte lange nicht so farbenprächtig wie im Sommer, aber es gibt doch einige belebende Farbtupfer – das Rubin von Roten Beten und das Scharlachrot von Rotkohl.*

Lauchstangen, cremeweiße Blumenkohlköpfe und imposante zartgrüne Kohlköpfe – sie haben die ideale Größe für *lahanodolmathes* (gefüllte Kohlblätter) – bestimmen die Marktstände, neben Spinat, den man mit Reis und Dill oder mit Tintenfischen gart, was eine ungewöhnliche, aber sehr schmackhafte Speise ergibt.

Nur die Rote Bete setzt mit leuchtend rubinroten Farbtupfern Akzente. Obwohl sie bisweilen etwas fade schmecken kann, wird daraus eine Delikatesse, wenn man die Knollen in der Schale gart und mit einer kräftigen Knoblauchsauce, *skorthalia*, serviert.

Am Sonntag füllt sich die Küche mit dem Aroma köstlich duftender Fleischgerichte. *Stifatho*, ein Schmortopf mit glasierten Zwiebelchen, den man mit Rindfleisch, Kaninchen oder Oktopus zubereiten kann, gehört zu den Lieblingsfestessen – ebenso Schweinefleisch, mit Kichererbsen und Orangen geschmort.

Jetzt, wo man sich ins Haus zurückgezogen hat, bleibt auch mehr Zeit für die Küchenarbeit. Im Winter nehmen griechische Hausfrauen gerne langwierige Vorbereitungen für Gerichte wie gefüllte Kohlblätter in Kauf, welche die Familie dann am Abend gemeinsam genießt. Das Vorbereiten, Füllen und Einschichten der zigarrenförmigen Röllchen kostet viel Zeit und Mühe, aber man kann ja immer eine Freundin oder Nachbarin um Hilfe bitten, die als Gegenleistung für ein Tässchen Kaffee und einen angeregten Plausch liebend gerne den Vormittag mit dem Aufrollen von Kohlblättern verbringt. Wenn die Kohlröllchen dann endlich schmoren, hat man Zeit, aus dem Kaffeesatz zu lesen: Sieht der Satz in der Tasse wie ein Boot aus, bedeutet das, man wird eine Reise machen, während Punkte eher auf einen möglichen Geldsegen hinweisen.

Als Zutaten für die Winterküche kommt alles, was wärmt und aufmuntert in Frage – Hülsenfrüchte und anregende Gewürze für Suppen und Schmorgerichte sollen die Kälte in Schach halten, und köstliche Meeresfrüchte kommen auf den Tisch, wenn man das Gefühl hat, man sollte sich etwas Besonderes gönnen.

Linsen

Linsen gibt es in verschiedenen Größen und Farben. Am häufigsten verwendet man in Griechenland die graugrünen. Große und kleine Sorten sind im Handel erhältlich, wobei die kleinen runden aromatischer sind. Linsen werden schnell weich, haben einen nussigen Geschmack und brauchen vor dem Kochen nicht eingeweicht zu werden. Man bereitet aus ihnen eine köstliche Suppe zu, die gerne am fleischlosen Freitag auf den Tisch kommt.

Kichererbsen

Kichererbsen sind seit Jahrhunderten ein wichtiges Grundnahrungsmittel. In der Antike aß man sie in salzigen und, geröstet, in süßen Zubereitungen. Ihr nussiges, fast erdiges Aroma ist ideal für Schmorgerichte, besonders wenn als weitere Zutat Schweinefleisch oder Lammfleisch in den Topf kommt. Kichererbsen harmonieren wunderbar mit Zitrone – ein Spritzer Zitronensaft in der Kichererbsensuppe bringt das Aroma der Hülsenfrucht erst richtig zur Geltung.

Kichererbsen muss man unbedingt vor dem Kochen über Nacht einweichen. Das Garen dauert mehrere Stunden, es sei denn, man verwendet einen Schnellkochtopf, der die Garzeit auf 20 bis 25 Minuten verkürzt.

***Oben links:** Die meisten Hülsenfrüchte muss man über Nacht in kaltem Wasser einweichen.*

***Links:** Kichererbsen haben ein nussiges, fast erdiges Aroma, das wunderbar mit Zitrone harmoniert. Man kann daraus köstliche Suppen und Eintöpfe zubereiten oder sie mit Gewürzen und Kräutern zu Bratlingen verarbeiten.*

***Gegenüber** (im Uhrzeigersinn von links oben): Meerbarben, mit Orangen gegart; Mandeln; Weißkohlblätter mit pikanter Reisfüllung; Zitrusfrüchte; Perlzwiebeln – unverzichtbar für* stifatho.

Bohnen

Trockenbohnen gibt es in unzähligen Sorten und Größen. In Griechenland sind die schlanken länglichen Cannellini-Bohnen am beliebtesten. Ursprünglich stammt die Cannellini-Bohne aus Argentinien, die Griechen haben sie jedoch mit Begeisterung in ihr kulinarisches Repertoire aufgenommen, und so bildet sie auch die Basis für die Speise, die wohl am typischsten für Griechenland ist, eine herzhafte Suppe, *fasolatha*, die schon Generationen von Griechen in guten und schlechten Zeiten genährt und bei Kräften gehalten hat. Sehr beliebt sind auch die fleischigen Riesenbohnen, *gigantes*. Diese Sorte wird in Nordgriechenland angebaut, die besten kommen aus der Gegend von Kastoria. Getrocknet verwendet man sie für Suppen oder Pürees, in Eintöpfen, zusammen mit Fleisch, oder als Salat. Neben ihrem gesundheitlichen Wert – sie sind ein guter Eiweißlieferant während der Wintermonate – haben sie vor allem als Grundnahrungsmittel während der Fastenzeiten Bedeutung, besonders in der langen Fastenperiode vor Ostern.

Das Geheimnis des Wohlgeschmacks von griechischen Bohnengerichten liegt in der reichlichen Verwendung von erstklassigem griechischem Olivenöl, welches das wunderbare Aroma der Hülsenfrüchte erst richtig zur Geltung bringt.

Kalmare und Sepien

Kalmare und Sepien werden in Griechenland sehr gerne gegessen, besonders im Winter. Häufig frittiert man sie und serviert sie zusammen mit bescheideneren Speisen, wie Bohnensuppe oder Spinat mit Reis und Dill. Aber man bereitet sie auch als eigenständiges Gericht zu, meistens in Kombination mit Reis, Spinat oder Kartoffeln.

Wenn Sie Kalmare oder Sepien beim Fischhändler kaufen, wird er die Fische wahrscheinlich gerne für Sie küchenfertig vorbereiten, wenn Sie ihm rechtzeitig Bescheid geben. Aber Sie können das natürlich auch selbst übernehmen. Eine Anleitung dazu finden Sie auf Seite 129.

Oben links: *Butterweiche Riesenbohnen,* gigantes, *aus Kastoria in Nordgriechenland sind im Winter ein unentbehrliches Nahrungsmittel.*

Ganz links: *Kalmare sind in Griechenland äußerst beliebt. Sie werden frittiert und zusammen mit einfachen Speisen, beispielsweise Bohnensuppe, gegessen.*

Links: *Piment stammt von den Westindischen Inseln und wird in der griechischen Küche sehr gerne verwendet, vor allem für Marinaden.*

Kalmare und Sepien vorbereiten

- Kalmar oder Sepia sorgfältig waschen. Wenn sich noch Tinte im Körper befindet, gründlich ausspülen.
- Mit einer Hand den Fischkörper gut festhalten, mit der anderen Kopf und Tentakel herausziehen. Wenn das Tintensäckchen noch unversehrt ist, entfernen oder beiseite legen und zum Kochen verwenden.
- Das Innere mit dem harten, durchsichtigen Schulp herausziehen und entfernen.
- Das äußere, rötliche Häutchen vom Fischkörper abziehen und entfernen, aber die beiden Seitenflossen nicht wegschneiden.
- Mit einem scharfen Messer Tentakel vom Kopf dicht unterhalb der Augen abtrennen, restlichen Kopf entfernen. Die Tentakel am Kopfansatz zusammenpressen und dabei die Kauwerkzeuge in der Mitte herausdrücken und entfernen.

- Körper und Tentakel gründlich waschen. Soll der Kalmar oder die Sepia gefüllt werden, den Körper ganz lassen. Ansonsten in Ringe schneiden. Zum Frittieren lässt man die Tentakel normalerweise im Ganzen.

Oben rechts: Kefalotyri, *ein griechischer Hartkäse aus Kuh- oder Schafmilch, hat ein wunderbar herbes Aroma – sein Markenzeichen ist aber der salzige Geschmack.*

Kefalotyri-Käse

Typisch für den Kefalotyri, einen Hartkäse aus Kuh- oder Schafmilch, ist der salzige Geschmack. Normalerweise reibt man ihn und bestreut damit Gerichte wie *yiouvetsi* (Lammtopf mit Pasta), oder man brät ihn – der Käse zieht beim Schmelzen keine Fäden – und serviert ihn als pikantes *mezé* zu einem Drink.

Graviera-Käse

Den besten Graviera gibt es auf Kreta. Er wird aus Schafmilch hergestellt und schmeckt, wenn er angemessen reifen konnte, einfach vorzüglich. Der Graviera aus Naxos ist milder im Geschmack, während der Dodoni aus Kuhmilch sogar leicht süßlich schmeckt.

Piment

Dieses Gewürz stammt nicht aus dem Mittelmeerraum, sondern kommt von den Westindischen Inseln. Auf den griechischen Inseln wird es besonders gern verwendet, wahrscheinlich ein Überbleibsel aus der Zeit der venezianischen Besatzung. Piment kann man gemahlen verwenden, oder man nimmt, wie es in Griechenland üblich ist, die ganzen Körner.

Für 4 Personen

2 mitteldicke Scheiben Weißbrot, Kruste entfernt
500 g Hackfleisch vom Lamm oder Rind
1 Zwiebel, gerieben
1 TL getrockneter Thymian
1 TL getrockneter Oregano
3 EL gehackte frische glatte Petersilie
1 Ei, verquirlt
Salz, frisch gemahlener schwarzer Pfeffer
25 g Mehl
30–45 ml Pflanzenöl
Petersilie und Zitronenspalten zum Garnieren

Gebratene Fleischbällchen

keftethes

In Griechenland ist eine Feier ohne *keftethes* undenkbar. Auch auf der Vorspeisenplatte dürfen sie nicht fehlen, weil sie so appetitanregend sind. Darüber hinaus serviert man sie als willkommene Ergänzung zu einem ansonsten recht schlichten Mahl, beispielsweise einer der Wintersuppen.

◎ Brotscheiben in kaltem Wasser 10 Minuten einweichen, dann mit den Händen gut ausdrücken und in eine große Schüssel geben.

◎ Hackfleisch, geriebene Zwiebel, getrocknete Kräuter, Petersilie, verquirltes Ei, Salz und Pfeffer zu dem Brot geben und mit den Händen alles gründlich verkneten.

◎ Fleischteig zu Bällchen in Walnussgröße formen und in Mehl wenden, überschüssiges Mehl abklopfen.

◎ Öl in einer großen Bratpfanne erhitzen und Fleischbällchen unter häufigem Wenden rundum braten, bis sie gar und knusprig braun sind. Herausnehmen und auf einer Doppellage Küchenpapier abtropfen lassen. Mit gehackter Petersilie und Zitronenspalten garnieren.

Für 4 Personen

30 ml Olivenöl
8 Scheiben griechischer Kefalotyri-Käse oder zypriotischer Haloumi, jeweils etwa 1 cm dick
Frisch gemahlener schwarzer Pfeffer
Zitronenspalten zum Garnieren

Für den Salat
1 EL Rotweinessig
4 EL kaltgepresstes Olivenöl
1 große Hand voll Rucola

Gebratener Käse mit Rucola

saganaki

Auf einer Party wird man Ihnen dieses Gericht möglicherweise als schickes Finger-Food präsentieren, aber es gibt eine etwas rustikalere Variante davon, wie sie normalerweise von griechischen Hausfrauen zubereitet wird. Dort bringt man die Käsescheiben in einer kleinen gusseisernen Bratpfanne direkt auf den Tisch. Traditionell verwendet man dafür den griechischen *Kefalotyri*, einen üppigen, ziemlich salzigen Käse, und deshalb rechnet man pro Person auch nur mit zwei Scheiben.

◎ Für den Salat Essig und Olivenöl in einer Schüssel verquirlen und Rucola in der Marinade wenden. Auf einer Platte anrichten.

◎ Öl zum Braten in einer großen Grillpfanne erhitzen und die Käsescheiben nebeneinander hineinlegen. Die Scheiben dürfen sich nicht berühren, da sie sonst zusammenkleben. Wenn die Scheiben an den Rändern knusprig werden, mit Bratenwender oder Grillzange wenden.

◎ Schwarzen Pfeffer über den Käse mahlen. Sobald die Käsescheiben auf beiden Seiten goldgelb sind, auf dem Rucola anrichten. Mit den Zitronenspalten garnieren und sofort servieren.

Für 4 Personen

700 g mittelgroße oder kleine Rote Beten
75–90 ml kaltgepresstes Olivenöl
Salz

Für die Knoblauchpaste
4 mitteldicke Scheiben Weißbrot, Kruste entfernt, 10 Minuten in Wasser eingeweicht
2–3 Knoblauchzehen, gehackt
1 EL Weißweinessig
Salz
4 EL kaltgepresstes Olivenöl

Rote Bete mit Knoblauchpaste

pantzaria me skorthalia

In Griechenland ist Rote Bete im Winter äußerst beliebt, entweder als Salat oder zusammen mit der aromatischen Knoblauchpaste *skorthalia* serviert. Die Kombination der süßlich milden Roten Bete mit der würzigen Paste finde ich einfach unwiderstehlich. Die Griechen kennen Knoblauchpaste übrigens schon seit der Antike. Obwohl viele Frauen Rote Bete üblicherweise kochen, ziehe ich es vor, sie im Ofen in der Schale zu garen, weil dann ihr süßes Aroma noch besser zur Geltung kommt.

◎ Backofen auf 180 °C (Umluft 160 °C, Gas Stufe 4) vorheizen. Rote Beten unter fließendem kaltem Wasser gründlich waschen, darauf achten, dass die Schale nicht verletzt wird, da sonst der rote Saft ausläuft.

◎ Feuerfeste Form mit ausreichend Alufolie auslegen und Rote Beten in die Form geben. Mit etwas Olivenöl beträufeln und salzen und Folie über den Roten Beten zusammenfalten. Etwa 1 1/2 Stunden im Backofen garen, bis die Knollen weich sind.

◎ Inzwischen die Knoblauchpaste zubereiten. Dafür Weißbrot leicht ausdrücken, es soll noch ziemlich feucht sein. In einen Mixer geben, Knoblauch und Essig zugeben und pürieren, bis die Mischung homogen ist. Nach Geschmack mit Salz würzen.

◎ Weiter pürieren, dabei das Olivenöl in feinem Strahl zugießen, bis die Paste geschmeidig ist. In eine kleine Schüssel geben und beiseite stellen.

◎ Rote Beten aus der Alufolie nehmen. Wenn die Knollen etwas ausgekühlt sind, schälen, in dünne Scheiben schneiden und auf einer Platte anrichten. Mit dem restlichen Olivenöl beträufeln. Knoblauchpaste dünn auf den Roten Beten verteilen oder in einer Schüssel dazu reichen. Mit Weißbrot servieren.

Für 4 Personen

150 ml kaltgepresstes Olivenöl
1 große Zwiebel, gehackt
350 g Kichererbsen, über Nacht in kaltem Wasser eingeweicht
Salz, frisch gemahlener schwarzer Pfeffer
1 EL Mehl
Saft von 1 Zitrone (oder etwas mehr)
3 EL gehackte glatte Petersilie

Kichererbsensuppe

revithia soupa

Dieses im Winter von den Griechen sehr geschätzte Gericht ist und bleibt eine meiner Lieblingssuppen. Ich esse sie das ganze Jahr über gerne, selbst in den heißen Sommermonaten auf Alonnisos. Im Vergleich zu anderen Suppen aus Hülsenfrüchten, die oft etwas derb sein können, ist diese hier wunderbar leicht und fein, vom Geschmack her als auch von ihrer Konsistenz.

◎ Olivenöl erhitzen und Zwiebel glasig dünsten. Inzwischen die Kichererbsen abseihen, mit kaltem Wasser abbrausen und gut abtropfen lassen. Dabei den Durchschlag oder das Sieb rütteln, damit die Kichererbsen möglichst trocken werden. Kichererbsen in den Topf geben. Ein paar Minuten im Öl dünsten, dann so viel heißes Wasser zugießen, dass die Kichererbsen etwa vier Zentimeter hoch bedeckt sind.

◎ Zum Kochen bringen und Schaum abschöpfen. Hitze reduzieren, pfeffern und zugedeckt 1–1 ¼ Stunden kochen, bis die Kichererbsen weich sind.

◎ In einer Tasse Mehl mit Zitronensaft glatt rühren und zu den weichen Kichererbsen in den Topf gießen. Alles gut verrühren, mit Salz und Pfeffer abschmecken. Zugedeckt weitere 5–10 Minuten bei schwacher Hitze kochen, gelegentlich umrühren.

◎ Um die Suppe leicht anzudicken, etwa zwei Tassen Kichererbsen abnehmen und im Mixer grob pürieren. Zurück in den Topf geben und unterrühren. Petersilie zugeben und Suppe abschmecken. Nach Belieben Zitronensaft zugießen. In vorgewärmten Tellern servieren. Olivenöl extra dazu reichen, damit jeder bei Tisch seine Suppe damit beträufeln kann. Mit knusprigem Weißbrot und Feta-Käse servieren.

Für 4 Personen

250 g getrocknete weiße Bohnen (griechische Cannellini-Bohnen), über Nacht in kaltem Wasser eingeweicht
1 große Zwiebel, in dünne Scheiben geschnitten
1 Stange Staudensellerie, in Scheiben geschnitten
2–3 Karotten, in Scheiben geschnitten
400 g Tomaten aus der Dose
1 EL Tomatenmark
150 ml kaltgepresstes Olivenöl
1 TL getrockneter Oregano
Frisch gemahlener schwarzer Pfeffer
Salz
2 EL fein gehackte glatte Petersilie

Bohnensuppe

fasolia soupa

Wenn es ein Gericht gibt, mit dem sich die ganze griechische Nation identifizieren kann, dann ist das diese Suppe. Ob Großstadt oder kleines Dorf, überall wird sie innig geliebt. Traditionsgemäß reicht man dazu Weißbrot und Oliven, bisweilen auch rohe Zwiebelspalten. Eine komplette Mahlzeit bekommen Sie, wenn Sie frittierte Kalmare oder Fleischbällchen zu der Suppe servieren.

◎ Bohnen abseihen, mit kaltem Wasser abbrausen und abtropfen lassen. In einen großen Topf geben und mit Wasser bedeckt zum Kochen bringen. Etwa 3 Minuten kochen, dann Bohnen abseihen.

◎ Bohnen zurück in den Topf geben, frisches Wasser zugießen, so dass die Bohnen etwa drei Zentimeter hoch bedeckt sind. Zwiebel, Sellerie, Karotten und Tomaten zugeben. Tomatenmark, Olivenöl und Oregano unterrühren. Mit Pfeffer würzen, aber noch nicht salzen, da sonst die Schalen der Bohnen hart werden.

◎ Zum Kochen bringen, bei geringer Hitze 1 Stunde garen, bis die Bohnen gerade weich sind. Salzen und Petersilie unterrühren.

Für 4 Personen

200 g verschiedene Sorten Trockenbohnen und Linsen gemischt, über Nacht in kaltem Wasser eingeweicht
25 g Weizenkörner, ebenfalls eingeweicht
150 ml kaltgepresstes Olivenöl
1 große Zwiebel, fein gehackt
2 Knoblauchzehen, zerdrückt
5–6 frische Salbeiblätter, gehackt
Salz, frisch gemahlener schwarzer Pfeffer
Saft von 1 Zitrone
3 Frühlingszwiebeln, fein geschnitten
4–5 EL gehackter frischer Dill

Dicke Linsen-Bohnen-Suppe

cretan pallikaria

Man servierte mir dieses Gericht bei einem wunderbaren Abendessen auf der Insel Kreta. Es ist kinderleicht zuzubereiten, aber natürlich müssen Sie die Hülsenfrüchte und Weizenkörner unbedingt am Vortag einweichen. Stellen Sie bei Tisch Olivenöl bereit, damit sich jeder bedienen und zusätzlich Öl auf seine Portion träufeln kann.

◎ Hülsenfrüchte und Körner abseihen, mit kaltem Wasser abbrausen und abtropfen lassen. Mischung in einen Topf geben. Mit reichlich kaltem Wasser bedecken und etwa 1 ½ Stunden kochen, bis alle Zutaten weich sind. Wasser abgießen, dabei einen halben Liter der Kochflüssigkeit auffangen. Die Bohnen-Linsen-Mischung zurück in den gesäuberten Topf geben.

◎ Öl in einer Bratpfanne erhitzen und Zwiebel goldgelb braten. Knoblauch und Salbei zugeben und dünsten. Sobald der Knoblauch Duft entwickelt, diese Mischung zu den Bohnen geben. Die aufgefangene Kochflüssigkeit zugießen, kräftig mit Salz und Pfeffer würzen und etwa 15 Minuten bei geringer Hitze garen. Zitronensaft unterrühren, auf Suppenteller verteilen, mit Frühlingszwiebeln und Dill bestreuen.

Für 4 Personen als Hauptgericht
Für 6 Personen als Vorspeise

700 g frischer Spinat, harte Stängel entfernt
100 ml kaltgepresstes Olivenöl
1 große Zwiebel, gehackt
Saft von ½ Zitrone
150 ml Wasser
120 g Langkornreis
3 EL gehackter frischer Dill, dazu etwas Dill zum Garnieren
Salz, frisch gemahlener schwarzer Pfeffer

Spinat mit Reis und Dill

spanakorizo

Spinat und Reis harmonieren wunderbar miteinander, dementsprechend köstlich schmeckt dieses Gericht. In Griechenland kommt es vor allem während der religiösen Fastenzeiten auf den Tisch. Servieren Sie es zusammen mit gebratenem Fisch oder Kichererbsenküchlein (siehe Seite 95) als Hauptgericht.

◎ Spinat mehrere Male gründlich waschen, gut abtropfen lassen und grob zerkleinern.

◎ Olivenöl in einem großen Schmortopf erhitzen und Zwiebel glasig dünsten. Spinat unterrühren, bis alles mit Öl überzogen ist.

◎ Sobald der Spinat zusammengefallen ist, Zitronensaft und das abgemessene Wasser zugießen und aufkochen lassen. Reis und die Hälfte Dill zugeben, salzen und pfeffern und zugedeckt bei schwacher Hitze etwa 10 Minuten garen, bis der Reis weich ist. Wenn nötig, etwas heißes Wasser zugießen.

◎ Reis und Spinat in eine Servierform geben und mit frischem Dill bestreuen. Das Gericht heiß oder lauwarm servieren.

Für 4 Personen als Hauptgericht
Für 6 Personen als Vorspeise

75–100 ml kaltgepresstes Olivenöl
1 mittelgroßer Blumenkohl, in grobe Röschen zerteilt
Salz
2 Eier
Saft von 1 Zitrone
1 TL Speisestärke, in wenig kaltem Wasser glatt gerührt
2 EL gehackte glatte Petersilie

Blumenkohl mit Ei-Zitronen-Sauce

kounoupithi avgolemono

In Griechenland schätzt man dieses Gemüse sehr und bereitet es auf vielerlei Weise zu. Im folgenden Rezept kombiniert man es mit einer Ei-Zitronen-Sauce. Servieren Sie den Blumenkohl als Beilage zu einem gehaltvollen, pikanten Hauptgericht, beispielsweise *keftethes* (gebratene Fleischbällchen).

◎ Olivenöl in einer großen schweren Pfanne erhitzen und Blumenkohlröschen bei mittlerer Hitze anbräunen. So viel heißes Wasser zugießen, dass die Röschen knapp bedeckt sind. Nach Geschmack salzen und zugedeckt etwa 8 Minuten kochen, bis der Blumenkohl gar ist, aber noch Biss hat. Topf von der Kochstelle ziehen und Röschen zugedeckt ruhen lassen.

◎ Für die Sauce Eier verquirlen, Zitronensaft und angerührte Speisestärke zugeben und alles gut mit dem Schneebesen verschlagen. Ein paar Esslöffel der heißen Blumenkohl-Kochflüssigkeit zugeben. Die Ei-Zitronen-Mischung langsam über den Blumenkohl gießen und vorsichtig unterrühren. Den Topf zurück auf den Herd stellen und bei sehr geringer Hitze 2 Minuten erwärmen, bis die Sauce dicklich wird. Blumenkohl mit gehackter Petersilie bestreuen.

Für 4 Personen

1 Weißkohl
12 schwarze Oliven

Für das Dressing
5–6 EL kaltgepresstes Olivenöl
2 EL Zitronensaft
1 Knoblauchzehe, zerdrückt
2 EL fein gehackte glatte Petersilie
Salz

Weißkohlsalat mit Oliven und Zitronendressing

lahano salata

Im Winter kommt Kohlsalat in Griechenland häufig auf den Tisch. Man nimmt dafür die schweren, kompakten weißen Kohlköpfe. In nördlicheren Ländern schmeckt Kohlsalat bisweilen etwas hart und derb. In Griechenland bereitet man aus Weißkohl aber einen eher ungewöhnlichen Salat zu, der mild, knackig und gleichzeitig erfrischend ist.

◎ Kohlkopf vierteln und äußere Blätter und harte Rippen entfernen.

◎ Jedes Kohlviertel in lange, sehr dünne Streifen schneiden oder fein hobeln. Strunk wegwerfen. Das Geheimnis eines perfekten Weißkohlsalats besteht darin, ihn so fein wie möglich zu schneiden oder zu hobeln. Kohlstreifen in eine Schüssel geben und Oliven untermischen.

◎ Für das Dressing Olivenöl, Zitronensaft, Knoblauch, Petersilie und Salz in einer kleinen Schüssel gut verrühren. Die Sauce über den Weißkohl geben, alles gründlich vermischen und etwas durchziehen lassen.

Für 4 Personen

250 g Schwarzaugenbohnen
Salz, frisch gemahlener schwarzer Pfeffer
5 Frühlingszwiebeln, fein geschnitten
1 große Hand voll Rucola, größere Blätter grob zerteilt
3–4 EL gehackter frischer Dill
150 ml kaltgepresstes Olivenöl
Saft von 1 Zitrone (oder mehr)
10–12 schwarze Oliven
Kleine Blätter vom Romana-Salat zum Servieren (nach Belieben)

Warmer Schwarzaugenbohnen-Salat mit Rucola

mavromatika fasolia salata

Ein unkompliziertes Gericht, da Schwarzaugenbohnen nicht eingeweicht werden müssen. Durch die Beigabe von Frühlingszwiebeln und aromatischem Dill wird daraus ein erfrischender und gesunder Salat.

◎ Bohnen abbrausen und abtropfen lassen, in einen Topf geben und mit Wasser bedecken. Kurz aufkochen lassen und sofort abgießen. Bohnen zurück in den Topf geben, mit frischem kaltem Wasser bedecken und ausnahmsweise eine Prise Salz zugeben – die Bohnen zerfallen dadurch beim Kochen nicht so leicht.

◎ Bohnen aufkochen und bei mittlerer Hitze garen, bis sie weich sind. Die Garzeit beträgt nur etwa 20–30 Minuten.

◎ Bohnen abgießen, dabei fünf bis sechs Esslöffel der Kochflüssigkeit auffangen. In eine große Salatschüssel geben. Die restlichen Zutaten zugeben, einschließlich der aufgefangenen Kochflüssigkeit, und alles gründlich vermischen. Sofort servieren oder lauwarm mit Romana-Salat servieren.

Für 4 Personen

1 kg frische Kalmare
120 ml kaltgepresstes Olivenöl
1 große Zwiebel, in Scheiben geschnitten
3 Frühlingszwiebeln, gehackt
1 Glas Weißwein (etwa 175 ml)
150 ml heißes Wasser
Salz, frisch gemahlener schwarzer Pfeffer
500 g frischer Spinat
Saft von ½ Zitrone
3 EL gehackter frischer Dill

Kalmare mit Spinat

kalamarakia me horta

Ein Gericht, das man gelegentlich auf der Insel Kreta findet. Es schmeckt so köstlich, dass man es viel öfter zubereiten sollte.

◎ Kalmare vorbereiten, wie auf Seite 129 beschrieben. Die Fischkörper längs halbieren, dann in ein Zentimeter breite Streifen schneiden. Tentakel zerkleinern.

◎ Olivenöl in einer schweren Deckelpfanne erhitzen und Zwiebel sowie Frühlingszwiebeln glasig anbraten. Kalmare unterrühren. Weiterrühren, bis die entstehende Flüssigkeit vollständig verdampft ist. Weitere 10 Minuten rühren und Kalmare goldgelb braten.

◎ Mit Wein ablöschen, einkochen lassen. Heißes Wasser zugießen und nach Geschmack salzen und pfeffern. Zugedeckt 30 Minuten schmoren, dabei gelegentlich umrühren.

◎ Spinat waschen und abtropfen lassen. Grob hacken, zu den Kalmaren in die Pfanne geben und unterrühren. Sobald der Spinat zusammengefallen ist, zudecken und 10 Minuten schmoren. Kurz vor dem Servieren Zitronensaft und Dill unterrühren. Mit frischem Weißbrot servieren.

Für 4 Personen

4 große Meerbarben (etwa 1–1,2 kg), küchenfertig vorbereitet
Ein paar frische Dillstängel
2 große unbehandelte Orangen, halbiert
½ Zitrone
60 ml kaltgepresstes Olivenöl
Salz
2 EL Pinienkerne

Meerbarben mit Orangensauce

barbounia sto fourno me portokali

Orangen gibt es in Griechenland im Überfluss, man kann sie sich einfach von den Bäumen an der Straße pflücken. Mit dem Aroma von Orangenschale und -saft werden viele Gerichte der klassischen griechischen Küche verfeinert.

◎ Fische mit den Dillstängeln füllen und in eine feuerfeste Form legen. Eine halbe Orange beiseite stellen und die restlichen Orangen und die Zitronenhälfte auspressen. Saft mit dem Olivenöl vermischen und über die Fische gießen. Fische wenden, so dass sie auf beiden Seiten mit Marinade überzogen sind, und an einem kühlen Ort 1–2 Stunden marinieren, dabei gelegentlich mit der Marinade beträufeln.

◎ Backofen auf 180 °C (Umluft 160 °C, Gas Stufe 4) vorheizen. Fische mit wenig Salz würzen. Die restliche halbe Orange in dünne Scheiben schneiden, jede Scheibe halbieren. Jeweils zwei oder drei Orangenviertel auf den Fischen verteilen. 20 Minuten im Backofen garen, dann die Form aus dem Ofen nehmen. Fische mit der Schmorflüssigkeit beträufeln und Pinienkerne auf den Fischen verteilen. Im Backofen weitere 10–15 Minuten garen.

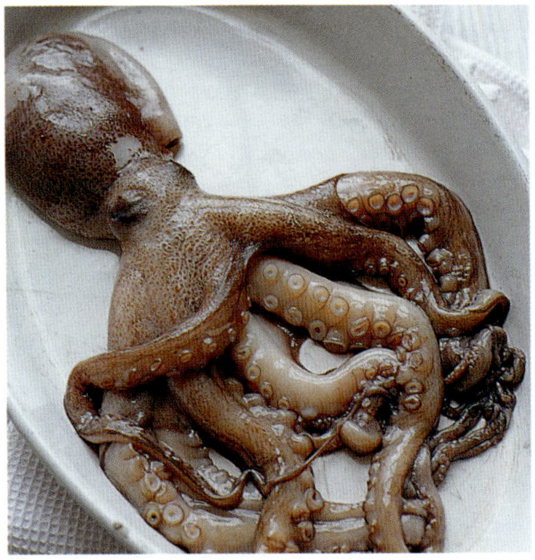

Für 4 Personen

2 Oktopusse (etwa 650–800 g), küchenfertig vorbereitet
150 ml kaltgepresstes Olivenöl
2 große Zwiebeln, in Scheiben geschnitten
3 Knoblauchzehen, gehackt
1 frische rote oder grüne Chilischote, Samen entfernt, fein geschnitten
1–2 Lorbeerblätter
1 TL getrockneter Oregano
1 Zimtstange
2–3 Pimentkörner (nach Belieben)
1 Glas Rotwein (175 ml)
2 EL Tomatenmark, in 300 ml warmem Wasser aufgelöst
Frisch gemahlener schwarzer Pfeffer
300 ml kochendes Wasser
250 g Penne oder andere kurze dicke Nudeln
3 EL gehackte glatte Petersilie zum Garnieren

Oktopus mit Penne

htapothi me makaronaki

Die Kombination von Oktopus mit Nudeln, in einer würzigen Tomatensauce langsam geschmort, ist für Griechenland ziemlich alltäglich. Mein Mann und ich servieren es unseren Gästen gerne im Winter, weil es uns an das besonders wohlschmeckende Gericht erinnert, das wir so oft in den Sommermonaten im Restaurant »Olivenhain« am herrlichen Strand von Lefto Yialo genießen durften, nur nimmt die Wirtin dort Sepia statt Oktopus.

◎ Oktopusse gut abspülen und besonders darauf achten, dass kein Sand in den Saugnäpfen zurückbleibt. Mit einem scharfen Messer Oktopusse in mundgerechte Stücke schneiden. In einem Topf bei geringer Hitze auf die Herdplatte stellen und im eigenen Saft schmoren. Dabei verändert der Oktopus allmählich seine Farbe und wird leuchtend rot. Unter ständigem Wenden mit einem Holzspatel schmoren, bis der sich bildende Saft wieder eingekocht ist.

◎ Olivenöl in den Topf gießen und Oktopusstücke etwa 5 Minuten braten. Zwiebeln zugeben und unter ständigem Rühren weitere 4–5 Minuten goldgelb braten.

◎ Knoblauch, Chili, Lorbeer, Oregano, Zimt und eventuell Piment unterrühren. Mit Wein ablöschen und ein paar Minuten einkochen lassen.

◎ Tomatenmark zugießen, leicht pfeffern und zugedeckt 1 ½ Stunden bei geringer Hitze kochen, bis der Oktopus ganz weich ist. Gelegentlich umrühren und – wenn nötig – etwas heißes Wasser angießen. Backofen auf 160 °C (Umluft 140 °C, Gas Stufe 3) vorheizen.

◎ Kochendes Wasser zugießen und Penne unterrühren. Die Mischung in eine feuerfeste Form geben und gleichmäßig verteilen. Im Backofen 30–35 Minuten garen, dabei gelegentlich umrühren und bei Bedarf etwas heißes Wasser nachgießen. Mit Petersilie bestreuen und in der feuerfesten Form auf den Tisch bringen.

Oktopus keinesfalls salzen, sonst wird er zäh und schwer verdaulich. Sie können die Oktopusstücke auch im Schnellkochtopf zubereiten. Die Garzeit beträgt dann 20 Minuten.

Für 4 Personen als Hauptgericht
Für 6 Personen als Vorspeise

1½ kg Miesmuscheln, abgebürstet und entbartet
2 Zwiebeln, in dünne Scheiben geschnitten
2 Glas Weißwein (etwa 350 ml)
450 ml heißes Wasser
150 ml kaltgepresstes Olivenöl
5–6 Frühlingszwiebeln, gehackt
2 Knoblauchzehen, gehackt
1 kräftige Prise getrockneter Oregano
200 g Langkornreis
3 EL fein gehackte glatte Petersilie
Salz, frisch gemahlener schwarzer Pfeffer
3–4 EL gehackter Dill

Muschel-Pilaw

mithia pilafi

Ein beliebtes Gericht der klassischen griechischen Küche mit einer Vielfalt von Aromen. Die verwendeten Kräuter tun ein Übriges, um den Wohlgeschmack noch zu steigern. Obwohl auch hier die Zutaten eher schlicht sind (in Griechenland sind Muscheln im Vergleich zum Fisch ausgesprochen preiswert), ist das Ergebnis stets sensationell und lohnt die Mühe, die man braucht, um die Meeresfrüchte vorzubereiten.

◎ Die Muscheln verlesen, dabei alle bereits geöffneten Muscheln wegwerfen. (Manche schließen sich wieder, wenn man auf die Schale klopft!) Muscheln in einen großen Topf geben. Etwa ein Drittel der Zwiebelscheiben darauf verteilen, die Hälfte des Weißweins und 150 Milliliter heißes Wasser angießen. Zugedeckt bei starker Hitze etwa 5 Minuten garen (dabei den Topf gelegentlich rütteln), bis sich die Muscheln öffnen.

◎ Durchschlag auf eine große Schüssel setzen. Die geöffneten Muscheln mit einer Schaumkelle in den Durchschlag geben, abtropfende Flüssigkeit in der Schüssel auffangen. Muscheln, die sich nicht geöffnet haben, aussondern und wegwerfen. Einige Muscheln mit Schalen als Dekoration beiseite legen. Die übrigen Muscheln in der Mitte auseinanderbrechen und Fleisch entnehmen, Schalenhälften wegwerfen.

◎ Sieb mit einem Baumwolltuch oder Küchenpapier auslegen und auf eine große Schüssel setzen. Muschelsud im Topf erst setzen lassen, dann vorsichtig durch das Sieb gießen. Ebenso mit der Flüssigkeit verfahren, die von den gekochten Muscheln abgetropft ist.

◎ Olivenöl in einer schweren Pfanne mit hohem Rand erhitzen und die restlichen Zwiebeln und Frühlingszwiebeln bei mittlerer Hitze goldgelb braten. Knoblauch und Oregano unterrühren.

◎ Sobald der Knoblauch Duft entwickelt, Reis zugeben und kurz andünsten. Restlichen Weißwein angießen und unter Rühren einkochen lassen, dann das restliche Wasser, den aufgefangenen Muschelsud und die gehackte Petersilie zugeben. Salzen und pfeffern und zugedeckt bei schwacher Hitze 5 Minuten kochen, dabei gelegentlich umrühren.

◎ Ausgelöstes Muschelfleisch und die noch gefüllten Muschelschalen zugeben. Die Hälfte Dill zugeben und alles gut unterrühren. Nach Bedarf noch etwas heißes Wasser angießen. Zugedeckt weitere 5–6 Minuten kochen, bis der Reis gar, aber noch bissfest ist.

◎ Mit dem restlichen Dill bestreuen. Als Beilage passt ein grüner Salat oder Weißkohlsalat mit Oliven.

Für 4 Personen

1 Brathuhn (etwa 1,5 kg, wenn möglich aus natürlicher Aufzucht)
2 Knoblauchzehen, geschält und im Ganzen
1 EL gehackter frischer Thymian oder Oregano bzw. 1 TL getrockneter, dazu 2–3 Zweige frischer Thymian oder Oregano
800 g Kartoffeln
Saft von 1 Zitrone
Salz, frisch gemahlener schwarzer Pfeffer
60 ml kaltgepresstes Olivenöl
300 ml heißes Wasser

Huhn mit Kartoffeln und Zitrone

kotopoulo fournou me patates

Ein wunderbares, unkompliziertes Gericht für die ganze Familie. Wie bei anderen griechischen Braten wird auch hier alles zusammen in einem Topf im Backofen gegart, und so können die Kartoffeln alle anderen Aromen aufnehmen, besonders das erfrischende Zitronenaroma.

◎ Backofen auf 200 °C (Umluft 180 °C, Gas Stufe 6) vorheizen. Huhn mit Knoblauchzehen und Thymian- oder Oreganozweigen füllen und mit der Brustseite nach unten in einen Bräter legen.

◎ Kartoffeln schälen und längs vierteln, sehr große Kartoffeln achteln. Kartoffelstücke um das Huhn verteilen, alles mit Zitronensaft beträufeln. Salzen und pfeffern, mit Olivenöl beträufeln, mit etwa drei Viertel des gehackten frischen bzw. getrockneten Thymian oder Oregano bestreuen. Heißes Wasser angießen.

◎ Huhn und Kartoffeln 30 Minuten garen, dann Bräter aus dem Ofen nehmen und Huhn vorsichtig wenden. Wieder salzen und pfeffern und mit den restlichen frischen bzw. getrockneten Kräutern bestreuen. Bei Bedarf noch etwas heißes Wasser angießen. Hitze auf 190 °C (Umluft 170 °C, Gas Stufe 5) reduzieren.

◎ Huhn und Kartoffeln zurück ins Rohr schieben und 1 weitere Stunde, oder etwas länger, garen, bis Huhn und Kartoffeln goldbraun sind. Mit einem knackigen grünen Salat servieren.

Für 4 Personen

75 ml Olivenöl
1 kg hochwertiges Rindfleisch zum Schmoren, in große Würfel geschnitten
3 Knoblauchzehen, gehackt
1 TL gemahlener Kreuzkümmel
1 Zimtstange (etwa 5 cm lang)
1 Glas Rotwein (175 ml)
2 EL Rotweinessig
1 kleiner Zweig frischer Rosmarin
2 Lorbeerblätter, zerkrümelt
2 EL Tomatenmark, in 1 l heißem Wasser aufgelöst
Salz, frisch gemahlener schwarzer Pfeffer
650 g Perlzwiebeln, geschält und im Ganzen
1 EL brauner Zucker

Schmortopf mit Rindfleisch, Zwiebelchen und Rotwein

moshari stifatho

Ein wunderbares Sonntagsessen für die ganze Familie, das sich auch hervorragend eignet, wenn Sie Gäste bewirten wollen. *Stifatho* ist ein besonders köstliches Schmorgericht, bei dem die kleinen süßlichen Zwiebelchen im Mund geradezu schmelzen. In Griechenland verwendet man für *stifatho* gelegentlich auch Kaninchen oder Oktopus. Die Zubereitung dieses Schmortopfs ist denkbar einfach, Sie können ihn unbesorgt mehrere Stunden im Backofen vor sich hin garen lassen. Als Beilage passen gekochter Reis, Pasta, Kartoffelpüree oder gebratene Kartoffeln dazu.

◎ Olivenöl in einer großen schweren Pfanne erhitzen und Fleischwürfel kräftig anbraten.

◎ Knoblauch und Kreuzkümmel unterrühren. Zimtstange zugeben, kurz mitschmoren, dann mit Wein und Essig ablöschen. Flüssigkeit einkochen lassen.

◎ Rosmarin, Lorbeer und aufgelöstes Tomatenmark zugeben. Alles gut verrühren, mit Salz und Pfeffer würzen. Zugedeckt bei schwacher Hitze etwa 1 ½ Stunden schmoren, bis das Fleisch weich ist.

◎ Die geschälten Perlzwiebeln zum Fleisch geben und Topf rütteln, damit sie sich gleichmäßig verteilen. Braunen Zucker darüber streuen. Sobald die Zwiebelchen zugegeben sind, nicht mehr umrühren, sondern Topf nur noch leicht rütteln, damit sämtliche Zwiebeln mit Sauce überzogen sind. Zugedeckt bei geringer Hitze weitere 30 Minuten garen, bis die Zwiebelchen weich sind, aber noch nicht zerfallen. Bei Bedarf eventuell noch etwas heißes Wasser angießen. Nach Ende der Garzeit Zimtstange und Rosmarinzweig entfernen und Schmortopf servieren.

Sie können *stifatho* auch im Backofen zubereiten. Verwenden Sie dafür einen ofenfesten Schmortopf. Nachdem das Fleisch angebraten ist und die restlichen Zutaten (bis auf die Zwiebelchen und den Zucker) hinzugefügt sind, den geschlossenen Topf in den auf 160 °C (Umluft 140 °C, Gas Stufe 3) vorgeheizten Backofen schieben und etwa 2 Stunden garen, bis das Fleisch weich ist. Dann erst Zwiebelchen und Zucker wie oben beschrieben zugeben und Fleisch eine weitere Stunde garen.

Für 4 Personen

350 g Kichererbsen, über Nacht in Wasser eingeweicht
75–90 ml kaltgepresstes Olivenöl
700 g Schweinefleisch aus der Keule (ohne Knochen), in große Würfel geschnitten
1 große Zwiebel, in Scheiben geschnitten
2 Knoblauchzehen, gehackt
400 g Tomaten aus der Dose
Feine Schalenstreifen von 1 unbehandelten Orange
1 kleine getrocknete rote Chili
Frisch gemahlener schwarzer Pfeffer
Salz

Schweinefleisch mit Kichererbsen

revithia me hirino ke portokali

Diese Spezialität der griechischen Winterküche ist auf den Ägäischen Inseln und auf Kreta besonders beliebt. In den Dörfern der kretischen Mesara-Ebene serviert man dieses Gericht traditionell Verwandten und engen Freunden am Vorabend einer Hochzeit. Diese Version stammt von der Insel Chios. Als Beilage brauchen Sie nur frisches Weißbrot und eine Schale schwarze Oliven.

◎ Kichererbsen abseihen, mit kaltem Wasser abbrausen und abtropfen lassen. In einem großen Topf mit Wasser bedecken und zum Kochen bringen.

◎ Schaum abschöpfen und zugedeckt bei mittlerer Hitze 1–1 ½ Stunden kochen (oder 20 Minuten im Schnellkochtopf), je nach Alter und Sorte der Kichererbsen. Kichererbsen abseihen, Kochflüssigkeit auffangen und beides beiseite stellen.

◎ Olivenöl im gesäuberten Topf erhitzen und portionsweise Fleischwürfel rundum anbraten. Sobald ein Fleischwürfel gebräunt ist, herausnehmen und auf einen Teller legen. Wenn alle Fleischwürfel angebraten sind, Zwiebel zu dem restlichen Bratöl in den Topf geben und goldgelb braten. Knoblauch unterrühren. Sobald der Knoblauch Duft entwickelt, Tomaten und Orangenschalenstreifen zugeben.

◎ Chili zerkrümeln und zugeben. Kichererbsen und Fleisch zurück in den Topf geben und so viel von der aufgefangenen Kochflüssigkeit zugießen, dass alles bedeckt ist. Mit Pfeffer würzen, aber nicht salzen!

◎ Alles gut vermischen und zugedeckt 1 Stunde bei mittlerer Hitze garen, bis das Fleisch weich ist. Gelegentlich umrühren und bei Bedarf noch etwas von der aufgefangenen Kochflüssigkeit angießen. Vor dem Servieren mit Salz abschmecken.

Für 4 Personen

120 g Langkornreis
1–2 große Weißkohlköpfe (etwa 1,5–2 kg)
500 g Hackfleisch vom Schwein oder Schwein und Rind gemischt
1 große Zwiebel, grob gerieben
1 Ei, verquirlt
2 EL gehackte glatte Petersilie
3–4 EL gehackter frischer Dill
100 ml kaltgepresstes Olivenöl
Salz, frisch gemahlener schwarzer Pfeffer
25 g Butter
1 EL Speisestärke
2 Eier
Saft von 1½ Zitronen

Gefüllte Weißkohlblätter

lahanodolmathes

Dieses Gericht zählt zu meinen Leibspeisen, es ist von allen Rezepten der griechischen Winterküche das schmackhafteste. Der einzige Nachteil dabei ist die ziemlich zeitaufwändige Zubereitung.

◎ Reis in kaltem Wasser 10 Minuten einweichen, abgießen, abbrausen und abtropfen lassen. Außenblätter des Kohls vom Strunk lösen, waschen und beiseite legen. Innere Kohlblätter lösen, bis man das feste Herz in der Mitte erreicht. Kohlherzen beiseite legen.

◎ Die inneren Kohlblätter und die festen Herzen waschen. Wasser in einem großen Topf zum Kochen bringen und die inneren Blätter portionsweise 1–2 Minuten blanchieren. In einem Durchschlag abtropfen lassen. Kohlherzen in dem kochenden Wasser etwas länger blanchieren und ebenfalls abtropfen lassen.

◎ Für die Füllung Hackfleisch, Reis, Zwiebel, verquirltes Ei und frische Kräuter in eine Schüssel geben. Die Hälfte des Olivenöls zugeben und alles gut vermischen. Die größeren der blanchierten Kohlblätter halbieren und dicke Blattrippen entfernen. Jeweils einen Esslöffel der Füllung auf die Schmalseite eines Kohlblatts geben, erst das schmale Ende, dann die beiden Seiten rechts und links über die Füllung klappen und das Ganze zu dicken, kurzen, zigarrenförmigen Röllchen aufrollen.

◎ Vorsichtig so viele Blätter wie möglich von den blanchierten Kohlherzen lösen und ebenfalls füllen. Das innere Herz ganz lassen, aber oben etwas auseinander drücken und etwas Füllung in die Mulde geben.

◎ Einen großen Topf mit den nicht gekochten Kohlblättern auslegen. Die Kohlröllchen dicht nebeneinander in den Topf legen. Restliche Kohlröllchen darüber schichten, dabei jede Schicht einzeln würzen. Oberfläche mit dem restlichen Olivenöl beträufeln und Butterflöckchen darauf verteilen.

◎ Die letzte Lage Röllchen mit einem umgedrehten Teller beschweren. Heißes Wasser angießen, so dass die Kohlröllchen knapp bedeckt sind. Zugedeckt bei geringer Hitze 50 Minuten garen. Kochflüssigkeit vorsichtig abgießen und in einer Schüssel auffangen. Etwas abkühlen lassen.

◎ Speisestärke mit wenig kaltem Wasser glatt rühren. Zwei Eier verquirlen, Zitronensaft und glatt gerührte Stärke zugeben und weiterschlagen. Die gesamte heiße Kochflüssigkeit der Kohlröllchen esslöffelweise zugeben. Die Sauce über die Röllchen geben und Topf vorsichtig rütteln, bis die Sauce gleichmäßig verteilt ist. Bei geringer Hitze 3 Minuten erwärmen, bis die Sauce dicklich wird, dabei den Topf gelegentlich schwenken.

Ergibt 20 Stück

½ TL Natron
Abgeriebene Schale und Saft von 1 großen unbehandelten Orange
150 ml kaltgepresstes Olivenöl
75 g Zucker
60 ml Weinbrand
1 ½ TL gemahlener Zimt
400 g Mehl, gesiebt
3 TL Backpulver
1 Prise Salz
100 g Walnüsse, geschält und grob gehackt

Für den Sirup
250 g Honig
120 g Zucker

Weihnachtliches Honiggebäck

melomakarona

Weihnachten ohne dieses Gebäck wäre in meinen Augen nur halb so schön.

◎ Natron mit dem Orangensaft verrühren. Öl und Zucker im Mixer vermischen, bis die Masse homogen ist. Weinbrand und einen halben Teelöffel Zimt unterrühren, dann die Orangensaft-Natron-Mischung zugeben. Nach und nach Mehl mit Backpulver und Salz zugeben und alles verkneten. Sobald man den Teig kneten kann, Orangenschale zugeben und 10 Minuten kneten, bis der Teig weich und geschmeidig ist.

◎ Backofen auf 180 °C (Umluft 160 °C, Gas Stufe 4) vorheizen. Eine kleine Menge Teig zu je einem ovalen Plätzchen formen und auf ein ungefettetes Backblech setzen. Mit einer in Wasser getauchten Gabel jedes Plätzchen flach drücken. 25 Minuten goldbraun backen. Auf einem Kuchengitter fest werden lassen.

◎ Für den Sirup Honig, Zucker und 150 Milliliter Wasser in einem kleinen Topf aufkochen lassen. Abschöpfen und bei geringer Hitze 5 Minuten kochen. Jeweils etwa sechs Stück der abgekühlten Plätzchen in den heißen Sirup geben und 1–2 Minuten ziehen lassen.

◎ Plätzchen herausnehmen und nebeneinander auf eine Platte legen. Mit den Walnüssen und dem restlichen Zimt bestreuen.

Ergibt 20–22 Stück

250 g Butter
150 g Zucker, extrafein
2 Eigelbe
Mark von 2 Vanilleschoten
½ TL Natron
3 EL Weinbrand
500 g Mehl, gesiebt
1 Prise Salz
150 g Mandeln, blanchiert und Schale abgezogen, leicht geröstet und grob gehackt
350 g Puderzucker

Mandelplätzchen

kourabiethes

Diese schneeweißen Plätzchen bäckt man an Weihnachten und Ostern, doch auch an anderen griechischen Festtagen wird dieses Gebäck gereicht. Normalerweise sind die Kekse wie Halbmonde geformt, ich steche aus dem Teig jedoch lieber Sterne aus.

◎ Butter cremig rühren, nach und nach den Zucker zugeben und schaumig rühren. Eigelbe und Vanillemark zugeben. Natron mit dem Weinbrand vermischen und unterrühren. Mehl und Salz zugeben und alles zu einem festen Teig kneten, Mandeln zugeben und wieder kneten.

◎ Backofen auf 180 °C (Umluft 160 °C, Gas Stufe 4) vorheizen. Die Hälfte des Teigs in Klarsichtfolie beiseite stellen. Die andere Hälfte etwa 2½ Zentimeter dick ausrollen. Sterne oder Halbmonde ausstechen. Mit dem restlichen Teig ebenso verfahren. Plätzchen auf ein gefettetes Backblech setzen und 20–25 Minuten hellgelb backen. Auf keinen Fall braun werden lassen.

◎ Ein Viertel des Puderzuckers auf eine Platte sieben. Fertige Mandelplätzchen mit reichlich Puderzucker bestreuen, auskühlen lassen und auf die Puderzuckerplatte setzen.

◎ Den restlichen Puderzucker dick über die Plätzchen sieben. Sie sollen schneeweiß aussehen.

Dank der Autorin

Wenn man ein Buch schreibt, noch dazu ein Buch über die kulinarischen Gepflogenheiten eines Landes, so ist das, wie wenn man sich auf eine Reise begibt – auf der man allerdings nie allein unterwegs ist. Zahlreiche Weggefährten begleiteten mich auf dieser besonderen Reise, und einer ganzen Reihe von ihnen bin ich zu Dank verpflichtet. An erster Stelle möchte ich die Köchinnen und Köche nennen: Vlassis, Besitzer des gleichnamigen Restaurants in Athen, war und ist für mich eine Quelle der Inspiration, nicht nur, weil er ein begnadeter Koch ist, sondern auch, weil er auf eine ganz besondere Art mit seinen Zutaten umgeht und seine kulinarischen Schöpfungen in seinem Restaurant serviert. Magda Anagnostou, Besitzerin des Restaurants »Olivenhain« auf der Insel Alonnisos, ist eine der engagiertesten Köchinnen, die ich kenne; Anna Anagnostou vom Restaurant »Meltemi« und ihre Mutter Maria Karakatsani – nirgendwo schmeckt das Auberginengericht *imam bayildi* so köstlich wie bei diesen beiden; und zu guter Letzt meine Freundin Magda Besini, die sich hervorragend auf die Zubereitung von *yiouvetsi* aus Ziegenfleisch und Käsepasteten versteht.

Ich möchte auch meinen beiden Schwestern Maria Fokianidou und Sally Printziou aus Athen danken, für die vielen wunderbaren Mahlzeiten, die wir gemeinsam zubereitet und genossen haben; meinen Freundinnen Manuela Pandazithou-Selleli und Katy Spyraki, die sich immer wieder mit Begeisterung auf neue Rezepte stürzen; Maria Pandazithou von der Insel Kreta für ihre Gastfreundschaft; und Anna und Elia Psarrea aus Volos für ihre Gastfreundschaft und ihre fantasievollen Fischgerichte.

Dank schuldige ich auch meiner Lektorin Linda Fraser für die wunderbare Gestaltung dieses Buchs und für ihr Fingerspitzengefühl beim Umgang mit dem gesamten Projekt; ferner Martin Brigdale für seine großartigen Fotos, meiner Agentin Caroline Davidson für ihre anstrengende Arbeit, und natürlich meinem Mann Graeme und meinen lieben Töchtern Alexandra und Sophie, weil sie das, was ich koche, mit so viel Begeisterung vertilgen.

Dank des Verlags

Natürlich war die Reise noch lange nicht zu Ende, nachdem Rena mit dem Probekochen und dem Schreiben fertig war. Unser Dank gebührt dem Fotografen Martin Brigdale und der Stylistin Helen Trent für die brillanten Fotos, die die Rezepte begleiten, den Köchinnen Lucy McKelvie und Linda Tubby für ihr fantastisches Foodstyling und schließlich Jenni Fleetwood für die ausgezeichnete redaktionelle Bearbeitung.

Aus dem Englischen übersetzt von
Renate Reinhold
Redaktion: Michaela Röhrl, Germering
Korrektur: Christoph Taschner
Satz: Maren Gehrmann, Germering
Einbandgestaltung: Studio für Illustration und Fotografie Sascha Wuillemet, München

www.kaleidoskop-buch.de

Die Originalausgabe mit dem Titel *The Greek Cook* wurde erstmals 2001 im Verlag Aquamarine, einem Imprint von Anness Publishing Ltd, London, veröffentlicht.

Fotos: Martin Brigdale (mit Ausnahme der Aufnahmen auf Seite 8 unten rechts und Seite 9: Anthony Blake Photo Library)
Layout und Design: Anita Schnable
Druck und Bindung: Graficas Toledo
Printed in Spain

ISBN 978-3-88472-860-4